Wolfgang Bergmann

ABSCHIED VOM GEWISSEN

Wolfgang Bergmann

Abschied vom Gewissen

Die Seele
in der digitalen Welt

MUT-Verlag  ASENDORF

Die Deutsche Bibliothek – CIP-Einheitsaufnahme

Bergmann, Wolfgang:
Abschied vom Gewissen : die Seele in der digitalen Welt / Wolfgang
Bergmann. – Asendorf : Mut-Verl., 2000
ISBN 3-89182-075-5

Umschlagbild:
„Computerengel", Ausschnitt eines Gemäldes (1996)
von Michael Engelhardt;
Fraunhofer-Institut für Integrierte Schaltungen, Erlangen

2000
© by MUT-Verlag
Bahnhofstraße 1 * D-27330 Asendorf * Tel.: 04253 / 566
Alle Rechte vorbehalten
Druck und Bindearbeit:
Jütte-Druck GmbH, Leipzig
Printed in Germany
ISBN 3-89182-075-5

Mich
überwältiget Niemandes Trug
und Keines Gewalttat.

Homer. Odyssee

Inhaltsverzeichnis

I.
Zur Einführung

Was es ist, was es ist?
Ja, was ist es denn?
Nina Hagen

Ungeordnete Vorbemerkungen. Warnungen vor der Welt des Cyberspace, Nachdenken über das Internet, Reden und Schreiben über Computerspiele – von allen Seiten stürzt eine verwirrende Diskussion auf uns ein, die sich in einem sehr unübersichtlichen Feld bewegt. Alles ist so verhangen und so voller unvorstellbarer Zukunft, daß jede Institution und jeder Interessenverband – die Industrie- und Handelskammer ebenso wie die Gewerkschaft der Lehrer – ihre besondere Sicht der Dinge noch einmal als gesellschaftlich allgemeingültige ins Spiel bringen können.

Wir wollen in diesem Buch bescheidener ansetzen. Wir wollen nicht von allgemeinen wirtschaftlichen und gesellschaftlichen Zusammenhängen, nicht von Datenbanken und Transaktionssystemen, nicht von der Neugliederung der Arbeitsorganisation in Produktion und Büros reden, sondern von den menschlichen Individuen und von den Herausforderungen, denen sie sich ausgesetzt sehen. Von PCs, Netzen, digitalen Medien. Wir wollen die Sinnlichkeit des Menschen ins Zentrum unserer Aufmerksamkeit stellen und herausfinden, wie sie durch die neuen Apparate verändert wird und was diese Veränderungen für die psychische Verfaßtheit der modernen Menschen bedeuten.

Wir wollen wissen, welche Faszinationen auf welche Weise von den digitalen Medien ausgehen und was sie mit uns und unseren Kindern anrichten. Jugendkultur und große Teile der Kinderkultur sind von Computerdesign, digitalen Grafiken, Texten, Klängen und Spielen tief durchdrungen. Und die Kultur der Erwachsenen ist es auf eine weniger auffällige Weise wohl auch. Noch nie hat sich ein neues Medium so rasch ausgebreitet. Selbst das Fernsehen, das unsere soziale Welt grundlegend veränderte, brauchte mehr als ein Jahrzehnt, bis es sich als Massenprodukt etablierte. Das Internet und die digitalen Spielwelten dagegen sind in wenigen Jahren in unsere persönlichen und familiären Lebenswelten eingedrungen. Dabei steht ihre Entwicklung erst ganz am Anfang. Was also verleiht diesen Rechenmaschinen solche Durchsetzungskraft, die tief in unsere sinnliche und intellektuelle Existenz hineinreicht?

1. **Fragen und Methoden.** Hier ein Apparat mit errechneten Bildern, Texturen, Zeichen und Klängen und dort das Individuum – das scheint immerhin eine eindeutige Aufgliederung unserer Fragestellung zu garantieren. Hier das Gerät, von dem Wirkungen ausgehen, dort der Mensch, der sie empfängt, „rezipiert". Rezeptionswirkungen kann man abfragen. Dazu gibt es einige noch junge, aber sehr rührige Wissenschafts- und Forschungsdisziplinen, die viel von sich reden machen, mal im Auftrag der werbetreibenden Wirtschaft, mal der Medienunternehmen selber, mal der Pädagogik, der Jugendhilfe, der Sozialplanung und manchmal sogar im Dienst der reinen Erkenntnis. Sie können immer mit einer breiten Aufmerksamkeit rechnen.

Ihre Ergebnisse werden nicht nur in Fachblättern, sondern regelmäßig auch in populären Zeitschriften und Magazinen veröffentlicht. Die hier aufgeworfenen Fragen sind ja auch wichtig genug. Was die neuen Medien mit uns anstellen, möchte auch ein nichtwissenschaftliches Publikum – Eltern vor allem, Lehrer, Politiker, Kaufleute – gern wissen.

Eine ganz andere Frage ist allerdings, wieweit ästhetische und seelische Ursachen und Wirkungen tatsächlich empirisch erfragt werden können. Allein zu der wichtigen und methodisch vergleichsweise einfach darstellbaren Frage, ob Gewaltdarstellungen in Videos und TV-Serien gewalttätiges Verhalten stimulieren oder

nicht, sind weit über 200 Untersuchungen publiziert
worden. Gesamtergebnis: Wir wissen es nicht!

Das ist natürlich kein Zufall. Die methodischen
Schwierigkeiten sind enorm, die wissenschaftliche Vorgehensweise dagegen ist verhältnismäßig schlicht. Die
„Pole" des Untersuchungsfeldes sind eben nur scheinbar klar aufgeteilt: das empfangende Subjekt hier und
das wirksame Objekt, der Sender, dort. So angenehm
solche ordentlichen und überschaubaren Verhältnisse
für einen Wissenschaftler auch sein mögen, die Sache
verhält sich nicht so. Ganz gewiß reichen diese
Schemata nicht bei der Erforschung digitaler Medien.
Die empirischen Methoden sind darauf angewiesen,
Teilwirklichkeiten zu definieren und auf Grundlage der
jeweiligen Definition in ihren Wechselwirkungen dar-
zustellen. Wo sich freilich Veränderungen in der
Substanz eingestellt haben, die die jeweils einbezogenen
Normen in Frage stellen, wird das Ergebnis zufällig, und
zwar gerade dort, wo das Neuartige, die Dynamik eines
Sachverhaltes erfaßt werden sollte. Die meisten mir
bekannten Untersuchungen über Wirkungen von Medien und Kommunikationstechnologien reproduzieren
auf schlichte Weise das, was als Grundannahmen ein-
gegeben wurde. Hinterher ist man so schlau als wie
zuvor, nur eben methodisch gesichert! Wo immer unsere pragmatischen Alltagsordnungen außer Kraft gesetzt
oder auch nur erheblichen Veränderungen unterworfen
sind, läßt sich empirisch ohne vorausgehende Analyse

gar nichts ausmachen, diese allerdings ist ohne eine gewisse Beteiligung, ein Sich-Einschwingen in jene Phänomene, von denen die Rede sein soll, nicht zu haben (so wie in der modernen Kunst der Kunstraum sich mit dem Betreten des Betrachters verändert und erst aus den Veränderungen heraus, inmitten der Sache selber, sinnvoll interpretiert werden kann).

Welchen Botschaften im weltweiten Netz oder welchen eindrucksvollen Spielwelten im Computer wenden wir unsere Aufmerksamkeit zu? Welche Identitäten nehmen wir als „Avatare" im Multi-User-Dungeon, dem Abenteuerspiel im Internet, an? Welche Texte beantworten wir in den zahllosen Angeboten zum Plaudern, Schwätzen, Schwindeln – also zum „chatten" – und lassen uns auf Kontakte fern unserer Alltäglichkeit ein? Und wie, weiter gefragt, wirken unsere „interaktiven" Entscheidungen auf das Medium ein, so daß es uns, je nach eigenem Entscheid, jeweils ganz unterschiedliche Seiten zeigt? Alles Fragen, vor denen die Medienforschung bei traditionellen passiven Zuschauermedien wie Kino, Fernsehen und Video noch nicht stand und in denen sie nicht geübt ist. Unversehens bewegen wir uns – als Forscher und Erforschte, Frager und Befragte – in einem Feld, in dem die festgefügten Schemata von Subjekt/Objekt oder Sender/Empfänger oder Wirkung/Rezeption nicht ausreichen.

2. **Phantastisches, ganz nah.** Die digitalen Medien scheinen es geradezu darauf anzulegen, unsere subjektiven Ordnungen durcheinanderzubringen. Woher beziehen sie die Fähigkeit, unsere Vernunft und unsere Wahrnehmungen derart zu irritieren – und gerade dadurch an sich zu binden? Ich werde im Verlauf dieses Buches versuchen, die eigenartige Gleichzeitigkeit von Distanz und Nähe und die besondere Faszination, die ebendadurch von den digitalen Medien ausgeht, ein wenig aufzuhellen. Eine Auflistung in Stichworten:

• Einer gängigen Rede nach haben wir es im Cyberspace mit Immaterialitäten zu tun. Nun, das bedeutet noch nicht viel. Wir haben es mit elektronisch übertragenen Impulsen zu tun, die als Lichtpunkte auf dem Monitor erscheinen. Nun ist es so, daß sich diese Impulse in einem elektromagnetischen Feld bewegen, während wir sie als Empfänger oder als Absender in einer räumlich-perspektivischen Ordnung aufnehmen. So ergibt sich eine Verknüpfung, nein, ein Ineinanderschieben, zweier verschiedenartiger Wahrnehmungsordnungen, die zu weitreichenden Irritationen unserer gelernten Erfahrungen (unserer Wahrnehmungsroutine) führen muß. Wir sprechen oft von der Raumlosigkeit im Netz. Genaugenommen handelt es sich um die Wirkung eines nicht räumlich darstellbaren Übertragungsmediums auf unser perspektivisch-raumgeordnetes Wahrnehmen und Interpretieren.

All das, was nach unserem Alltagsverständnis Entfernung und „Raum" ausmacht, bleibt im Computer und den Übertragungsmedien unberücksichtigt. Was ausgesendet wird, erscheint „jetzt" auf dem Monitor und kommt doch von sehr weit her. Wieviel begreife ich also, und wieviel entgeht mir von der Botschaft eines „Kommunikationspartners", wenn ich die Distanzen, die zwischen uns liegen, nicht wahrnehme? Ich weiß vielleicht, daß er seine Nachricht in New York oder Tokio absendet, ich weiß, daß Unterschiede mannigfaltiger Art (natürliche, zeitliche, kulturelle) uns trennen, aber ich weiß es eben nur, „wahr-nehmen" kann ich es nicht.

Auch die personale Präsenz meines Gegenüber in einer Videokonferenz erhält auf diesem Wege etwas Zwiespältiges. Auf eine anschauliche Formel gebracht, kann man sagen: Wir sehen uns, können einander aber nicht *an*sehen. Wir sind einander nah und fern. Diese Gleichzeitigkeit von Nähe und Ferne hat einerseits mit der Geschwindigkeit im Übertragungsraum und andererseits mit dem „Vergessen" der Entfernungen – der fehlenden Darstellbarkeit von Entfernungen auf dem Monitor – zu tun.

• Ein anderer Aspekt, der uns im Verlauf unserer Überlegungen beschäftigen wird und den ich hier nur kurz ansprechen will: Die eben genannten Charakteristika des „Datentransportes" sind die Ursache dafür, daß die digitalen Medien sich anschicken, Charakter und Bedeutung der Schrift, letztlich unsere Schriftkultur, ganz zu verändern. Ein Vorgang von noch gar nicht absehbarer Reichweite.

Wir nehmen Briefe, Aufsätze, Manuskripte etc. als geschlossene – oft erst mühsam zu entziffernde oder zu interpretierende – Schriftstücke zur Kenntnis. In gewisser Weise treten sie mit ihrer „Bedeutungskontingenz" neben den Autor, sie haben eine eigene, selbständige Form und Gestalt, eine Deutbarkeit in sich. Mit der Übertragungsgeschwindigkeit im Netz jedoch geht unser Schreiben direkt in Kommunikation über.

Auf diese Weise vermengen sich die Eigenart und Eigenständigkeit (zum Beispiel bei Briefen das „Persönliche") eines Schriftstückes mit der Direktheit der vernetzten Kontakte. Dabei entsteht eine eigenwillige Atmosphäre aus (scheinbarer, realer?) Vertrautheit bei wiederum gleichzeitiger Vernachlässigung der tatsächlichen Distanzen und Anonymitäten, die uns trennen. Das erzeugt im elektronischen Briefkontakt nicht selten eine anonyme Nähe, eine seltsam flüchtige Beziehungsdichte, zu deren Charakter das Zugleich von Vertrautheit und Fremdheit gehört.

Darüber hinaus ist es so, daß im offenen Übertragungsraum der Netze jedes Schriftstück neben unzähligen anderen koexistiert. Jede Botschaft ist von zahllosen weiteren umgeben, umspielt, konterkariert, wird von ihnen ergänzt oder widerrufen. Die Idee eines „geschlossenen" Werkes ebenso wie die Idee des unaustauschbaren individuellen Kontaktes widersprechen dem Charakter des Netzes und dem Gebrauch, der von ihm gemacht wird. (Man muß sich nur die Briefe Fontanes, aus deren sorgfältig gesetzter Form und Gestalt noch heute etwas von einer unvertauschbaren Persönlichkeit durchscheint, vor Augen führen und sie mit dem umlaufenden, kaum mehr individualisierten Datenaustausch per elektronischer Post vergleichen, um ein anschauliches Beispiel zu erhalten von dem, was ich hier skizzieren möchte.)

• Ein dritter Aspekt hängt damit unmittelbar zusammen: Im Netz kann ich unbehelligt von Einsprüchen innerer oder äußerer Instanzen meine im realen Leben festgezimmerte Identität umstoßen, spielerisch aufheben, ergänzen, austauschen. Dies alles steht ganz in meinem Belieben und stößt nicht auf den geringsten Widerstand.

Im „World-Wide-Web" ist ein Möglichkeitsfeld geschaffen, in dem ich ein fiktives Selbstbild grafisch und tonal auf einer Homepage so plausibel und vollkommen präsentiere, als wäre es meiner Realität nachgebildet. Ebenso kann ich jederzeit verschiedenartige Identitäten annehmen und jeweils verschieden mit ihnen im Netzverbund agieren – jede dieser Identitätskonstruktionen hat die gleiche Gültigkeit, wird aktuell präsentiert und findet ihre „Abnehmer", erhält Antwort, erzeugt Kontakte und stiftet insgesamt eine kommunizierte Realität. Wir werden auf diese radikal offenen Kommunikationsformen, die sich an kein Selbst binden und von keiner Realität kontrollieren lassen, in den ersten Kapiteln eingehen. Wir stehen vor der Frage – und die Antwort wird uns bis zu den Anfängen des seelischen Lebens zurückführen –, weshalb es in unserer Kultur offenkundig eine besondere Anziehungskraft ausübt, zu kommunizieren und dabei mit sich ganz allein zu sein.

• Die ästhetischen Wirkungen der digitalen Spiele und Bildsequenzen erklären sich zusätzlich aus folgendem Sachverhalt: Während die Programmierung mittels algorithmischer Formeln und ihrer Übersetzung in die endlose Reihe binärer Zahlen eine hochfunktionale Vorgehensweise darstellt, erscheint das Ergebnis als Sammlung von zusammengesetzten (computerisierten) Lichtpunkten vor unseren Augen wie eine Bild- und Klangwelt aus Träumen und Fiktionen von mächtiger, schwer entschlüsselbarer Evidenz. Darin scheint auch der Reiz zu liegen, den die Kunst des Programmierens auf Kinder ausübt: daß aus relativ einfachen Funktionen plastische Bildwelten entstehen, die ihre eigenartige Tiefe und Rätselhaftigkeit haben und zu jeder Art der halluzinierenden Wunschprojektionen einladen. Wir sind im Digitalen Konstrukteure unserer eigenen Wunschwirklichkeiten.

• Das bringt uns zu dem letzten Punkt, den wir in unsere Überlegungen einfügen müssen, wenn wir uns die unbeständige Wirksamkeit der digitalen Faszinationen und Irritationen vor Augen halten wollen. Er wurde in der Diskussion, soweit ich sehe, wenig beachtet: Die Medientechnologie ist eine Technik des Lichts. Licht ist eine geheimnisvolle Sache. Wenn ich es richtig in

Erfahrung gebracht habe, bereiten seine Eigenschaften der modernen Physik einige Probleme, die in den Kern erkenntnistheoretischer Fragen führen. „Ich werde den Rest meines Lebens damit zubringen, über den Charakter des Lichts nachzudenken", schrieb Einstein. Wenn wir nun nach seiner Wirkung auf die menschliche Seele fragen, dann enthüllt sich eine ganze Geschichte von Magie und Mystik – von den großen Schriften der christlichen Mystiker, Mechthild von Magdeburgs „fließendem Licht der Gottheit", um ein eindringliches Beispiel zu nennen, bis zur Düsternis der Poe'schen Großstadtgeschichten, die ohne das Licht der Gaslaternen nicht denkbar wäre, und Platons an eine Filmbühne erinnernde Lichtwand im Höhlengleichnis oder Schopenhauers Licht-Metaphern, mit denen er die Idee der Selbstüberwindung des Willens zu fassen versucht.

Aber so weit müssen wir uns gar nicht aus unserem Alltag entfernen. Schauen wir nur unsere Kinder an. Nichts fasziniert sie so sehr wie das Licht. Der pure Glanz. Die durchscheinende Form. Das Licht korrespondiert mit den allerfrühesten, den vorrationalen Bewußtseinszuständen eines Menschen. Es stiftet „poly-ästhetische" Erlebnisse und Eindrücke, wie in der frühen Kindheit. Licht umhüllt, Licht wirkt symbiotisch, es ist nicht hier und dort und nie einfach „gegenüber", es ist überall. Es ist real, gewiß, aber kein Gegenstand – und insofern scheint es eine enge Verknüpfung zwischen Lichtphänomenen und jenen seelischen Entwicklungsphasen zu geben, in denen noch nicht zwischen Subjekt und Objekt, zwischen „Ich" und „Du", zwischen „hier" und „dort", unterschieden wird. Wer eine Kulturgeschichte des Lichtes verfassen würde, würde uns in vielen Punkten zweifellos auch über die Faszinationskraft der Computer, seiner Spiele und Kommunikationsmöglichkeiten aufklären.

3. **Pädagogen, ratlos.** Vor einigen Wochen traf ich im Rahmen einer Podiumsdiskussion einen in Deutschland zu Recht als führend angesehenen Forscher und Theoretiker der Entwicklungspsychologie, der sich seit vielen Jahren mit dem Spiel und der Kreativität von Kindern befaßt. Ein erfahrener Mann. Um eine „Definition" seines Kreativitätsverständnisses gebeten (was eigentlich ein Paradox ist, aber so sind öffentliche Diskussionen nun einmal!), gab er einen kurzen und beeindruckenden Abriß seiner Theorien.

Er sprach über das lebendige Miteinander von seelischen Kräften und den Dingen, die uns umgeben, über die Plastizität der Dinge, an denen sich die Psyche schult und bildet und ihrerseits die Dingwelt formt, verändert, menschlich macht, kenntlich macht. Dem ist nicht zu widersprechen. Aber gerade wegen der Plausibilität dieser Überlegungen, die aus jahrelangen Kontakten mit Kindern hervorgegangen sind, gerade auch wegen ihres lebhaften ästhetischen Reizes drängte sich mir, zuhörend, kopfnickend, ein stiller Zweifel auf.

Ich habe ihn dann geäußert, so behutsam wie möglich. Ein simpler Zweifel: In den modernen Kommunikationsmedien, sagte ich, in den Computerspielen,
den Play-Stations und Gameboys, dem weltweiten
Netzverbund, mit dem viele Kinder schon so souverän
umzugehen verstehen, gibt es keine verläßliche Darstellung von realen Dingen. Es gibt nur sehr fungible
Symbole, und selbst das ist eine beschwichtigende
Betrachtungsweise: Oft – wie wir noch sehen werden –
lösen sich diese Lichtsignale, die Codes, die in den elektronischen Medien flimmern, von jeglichem Realitätsbezug und lassen uns vor etwas stehen, staunend,
beunruhigt, irritiert, das gar keinen Namen hat und eine
ganz andere Art von Inhalt und Kommunikation, als wir
sie aus unserem Alltag kennen.

Symbole beziehen sich ja auf eine Sache oder eine
Konstellation von Sachen, auf eine vorausgesetzte Realität. Die Lichtsignale im Computer hingegen, die bald als
Schrift, bald als Bild, zugleich als Ton erscheinen, sind an
keine Realität gebunden. Sie beziehen sich auch nicht
unbedingt auf „Bestimmtes" (Bestimmbares), sie toben
vielmehr gern durch den elektronischen Übertragungsraum, stoßen sich ab, verdrängen einander, ergänzen einander, de-formieren einander auf die merkwürdigste Art
und Weise. Kurz: Die „Zeichen" – die Texte, Textfiguren
und Grafiken, Bilder, Fotos, Klänge – drängen mit ihrer
Kohärenz das Reale, die Darstellung der realen Dinge
ganz ins Abseits. Aus der digitalen Technik erklärt sich

diese Eigenart der Computerbilder und -texte, die uns bei den folgenden Überlegungen immer wieder irritieren wird. Sie benötigt keinen ethischen oder materiellen Anhaltspunkt im Realen. Die Objektwelt ist nur eines von vielen möglichen Modellen, nach denen diese Lichtpunkte geordnet werden können. Es gibt daneben beliebig viele andere, fiktive, traumhafte, assoziative ... Oder anders und vielleicht etwas formelhaft gesagt: Für den Computer gibt es keinen Unterschied zwischen Schein und Realität. Beides ist gleich gültig.

Die Dinge im Computerspiel, die Spielgefährten in den digitalen Abenteuerlandschaften, sogar die Kommunikationspartner im Netz, haben keine Beständigkeit. Keine verläßliche Zeitlinie läuft vom Vergangenen zum Zukünftigen und verweist mich auf mich selber. Bild, Text, Grafik oder Ton – sie sind da und fast schon verschwunden. Ein Impuls reicht aus, um sie wegzuwischen. Zwischen Anwesenheit und Abwesenheit, Präsenz und Nirgendwo, Gegenwärtigkeit und „nevermore" verläuft eine schmale Grenze, vielmehr gar keine Grenze. Alles ist so nah beieinander. So sehr ineinander. Texte und Grafiken, Symbolhaftes, Bilder und Klänge sind da auf eine Weise, als seien sie schon fort. Und fort auf eine Weise, als könnten sie, wie Gespenster, jederzeit wiederauftauchen.

Kreativität nun, um zur Definition unseres Entwicklungspsychologen zurückzukehren, verschwimmt gleichsam in dieser Zeitgleichheit, diesem Hier und

Nirgendwo, Gegenüber-Sein und Verschwunden-Sein. Wir konnten uns während dieser Diskussion rasch darauf einigen, daß unsere Kategorien durcheinandergeraten sind. Die Dinge der alltäglichen Welt werden auf dem Monitor in Objektsymbolen dargestellt, die beliebig veränderbar erscheinen und dadurch letztlich ihre Symbolkraft einbüßen, oder sie werden ganz aufgegeben, vergessen, weggewischt und tauchen auf dem Monitor nur als eine Art Orientierungsmuster für fungible Zeichen mit schwacher Realitätsbindung auf.

Wenn wir uns nun noch vor Augen halten, wie sehr gerade die materiale Beschaffenheit der Dinge dazu beiträgt, daß Kinder an und mit ihnen sich selber und ihre Umwelt kennenlernen, dann erhalten wir eine Ahnung davon, wie weitreichend die Veränderungen wohl sein müssen, die mit den neuen, nicht materialhaften Spielzeugen verbunden sind.

So weit waren wir also, und dann schauten wir uns an, der theoretisch und praktisch erfahrene Pädagoge und ich, Vater von drei Kindern und beruflich mit seelisch beschädigten Kindern befaßt, und entdeckten unsere Hilflosigkeit. Wir waren fasziniert und dann wieder erschrocken, und da wir uns beide auf fixe Antworten und Sonntagsreden nicht einlassen wollten, wußten wir nicht weiter.

Wir sind, wie gesagt, ganz am Anfang.

Mit schöner Regelmäßigkeit erhebt sich ungefähr zu diesem Zeitpunkt der Diskussion jemand aus dem Publikum – das war an diesem Abend ebenso der Fall wie an vielen anderen zuvor –, gibt sich als „Lehrperson", wie es allen Ernstes in den Didaktik-Büchern immer noch heißt, zu erkennen und erklärt die ganze Diskusssion für unsinnig. Schließlich, so pflegt jener Zuhörer einzuwenden, spielten Kinder nach wie vor Fußball und gingen gern im Wald spazieren – an dieser Stelle folgt regelmäßig eine ausführliche Schilderung familiärer oder schulischer Naturerlebnisse –, man möge ihm, sagt er, seinen unzeitgemäßen Hang zum Konkreten nachsehen, aber er werde sich die Freude an Blumen, Baum und einem guten Buch von irgendwelchen Apparaten nicht nehmen lassen. Und so wendet er sich, teils bekümmert, teils ratsuchend, ans Podium und fragt, immer mit einem leicht triumphierenden Unterton, des Beifalls gewiß: Ist ein Baum noch ein Baum oder nicht? (Der Beifall kommt.) Spielen die Kinder immer noch mit ganz realen Sachen, die man anfassen kann, oder nicht? Fußball beispielsweise?

Meine persönliche Antwort, falls die Frage, die eigentlich gar keine Frage ist, an mich gerichtet war: Natürlich spielen sie Fußball, Gott sei Dank tun sie es, ich spiele nämlich selber gern mit und bin, wenn ein Ball nicht gar zu fix auf mich zukommt, nach wie vor ein Torwart ganz eigener Klasse. Nur: Anders als wir, die wir Spiele nur mit Dingen und mit Menschen und die wir Phantasiegeschichten nur aus dem Buch oder dem Kino kannten, sind die fußballbegeisterten Kinder der Gegenwart gleichzeitig *auch* vertraut mit dem Spiel mit Irrealem, mit

Lichtsignalen, die sich zu imaginären Landschaften fügen, mit Nicht-Orten, in denen sie, die Kinder, sich zurechtfinden, in denen sie Helden sind und unbesiegbar, dann doch sterblich, um zuletzt wieder zum Leben zu erwachen. Viele von ihnen verstehen sich mittlerweile auf das Kommunizieren im Netz über gewaltige Entfernungen hinweg – also auf eine Kommunikationsweise, in der man körperlos präsent ist wie beim Telefonieren, nur viel gegenwärtiger, „anwesender", eindringlicher. Uns bleibt die Frage, wie sich all diese Eindrücke des Phantastisch-Realen mit der „Materialität" und Beständigkeit, der unvermeidlichen Normbindung des Alltagslebens und des sozialen Miteinanders vereinbaren lassen – wie bringen unsere Kinder diese zwei Welten, diese Durchmengung zweier symbolischer und realer Erfahrungsordnungen, zusammen?

Der zweite Teil meiner ganz persönlichen Antwort an den Mitdiskutanten lautet: Falsch ist es ganz gewiß – wie es beispielsweise in einer großangelegten Studie deutscher Hochschulen zur Faszination der Computerspiele getan wurde und heute auf was weiß ich wie vielen Kongressen pädagogischer Art verbreitet wird –, die alten (Regel-)Spiele von Himmel und Hölle bis zum Fußball gleichzusetzen mit den Spielwelten in den Computern. Sie sind von anderem Stoff, sie schaffen andere Effekte, sie bewirken andere seelische Vorgänge. Ich werde sie in diesem Buch zu beschreiben versuchen.

4. Im Nebel wandern. Angesichts des begrifflichen und realen Nebels greift man zu jeder Stange, die sich solide greifen läßt, um mit ihr im Nebelfeld herumzustochern. Ich habe beim Schreiben dieses Manuskriptes nichts anderes getan als ebendies: *zwei* Stangen ergriffen, eine stabile und eine, die eher einer Wünschelrute ähnelt. Was ich mit ihnen aufgestochert habe, werde ich auf den folgenden Seiten dem hoffentlich neugierigen und abenteuerlustigen Leser darlegen. Die Wünschelrute bin ich selber beziehungsweise meine relativ vorbehaltlose Neugier auf alles, was das stabile Prinzip Realität ins Wanken zu bringen verspricht. Mein Stecken und Stab in der Wanderschaft quer durch Cyberland ist meine Erfahrungsfähigkeit, mit der ich mich in den Erlebniswelten der Computeranimationen, der Computerspiele und der Computerkunst und ebenso im Internet herumgetrieben habe, außerdem in den Nächten der Berliner Technoszene, im Hollywood-Kino, das von digitalen Bildern bestimmt wird, in der Popkultur, kurzum überall dort, wo die Lichter und Signale des „Cyberspace" aufflammen und ihre magischen Spektakel entfalten. Ich habe aufgeschrieben, was ich erlebt habe.

Die zweite, verläßlichere Stange ist die psychoanalytische Theorie, zumal die Freuds. Je intensiver man in die tiefenpsychologischen Diskussionen der letzten Jahrzehnte hineinlauscht, desto respektvoller kehrt man zu den Arbeiten des Gründers, zu Freud selber, zurück. Keiner seiner Nachfolger hat, soweit ich es übersehen kann, trotz aller theoretischen Vervollständigungen und therapeutischer Erfahrungen, die er oder sie beizutragen haben, jene umstürzende Gewalt im Detail, jene irrlichternde und letztlich wohl nicht systematisierbare Kraft der Arbeiten Freuds erreichen oder ihnen auch nur nahekommen können.

Freud hatte das selbständige, vernünftige, seine Dinge selber regelnde „Ich" zwar als Leitbild genommen, zugleich aber dessen Armseligkeit und Abhängigkeit aufgezeigt. Die Grenzen des „Ich" haben sich der Analyse schon in einem recht frühen Stadium ihrer theoretischen Entfaltung erschlossen. Gewaltig in ihrer Unbestimmtheit, sagt Freud, seien die Triebe und Selbsterhaltungskräfte, die sich durch innere und äußere Zensuren pressen, sich in psychischen Instanzen verfestigen und schließlich der Realität anpassen – allerdings nur, um schließlich, am Ende des langen Weges, dennoch zu triumphieren. Denn was sie hervorgebracht haben, das ist ein vernünftiges und täuschbares Ich, das ihren „gewaltigen" Kräften letztlich doch zu Diensten ist, wenngleich, ohne es zu wissen. Wir werden uns im zweiten Teil dieses Buches anschauen, wie die digitalen Medien und Kommunikationstechniken die Täuschbarkeit des Ich auszunutzen verstehen, um sich selber in Szene zu setzen, und wie erfolgreich sie dabei die Triebhaftigkeit und die Selbstliebe des Menschen gegen seine Vernunft ausspielen.

Ich werde in diesem Abschnitt weitgehend den Beobachtungen und Analysen und teilweise den Begrifflichkeiten der Tiefenpsychologie folgen, um mit ihnen zweierlei herauszuarbeiten: Ich will zeigen, wie die narzißtischen Gefühle und Kräfte, die am Anfang unseres seelischen Lebens stehen (und uns danach nie wieder verlassen), auf eine genau zu beschreibende Art übereinstimmen mit den Merkmalen der Kommunikationen im weltweiten Netzverbund und ebenso mit den Erlebnisweisen der Computer- und Videospiele. Ich will zeigen, daß die Faszinationskraft im Umgang mit digitalen Medien, die besonders (aber keineswegs ausschließlich) Kinder und Jugendliche ergriffen hat, darin besteht, daß sie die Psyche des Spielers auf frühkindliche Glückseligkeiten und Tröstungen zurücklenken. Dabei wird das vernunftbestimmte, planende und ordnende Ich entmachtet. Zuletzt werden wir auf die beunruhigende Annahme stoßen, daß im Zuge all dieser Veränderungen auch jene Instanz betroffen wird, die in unserem Persönlichkeitskern das Soziale vertritt, das „Gewissen". Nicht nur betroffen wird: *geschwächt*.

Es geht in den folgenden Kapiteln eher um Fragen als um Antworten. Wir stochern gemeinsam im Nebel, sagte ich. Diese Texte sind so verfaßt, daß sie Lust auf die Unabschließbarkeit und damit letztlich auf die Unbeherrschbarkeit dieser „Nebelfelder" erzeugen möchten, manchmal stochert man ja einfach herum, gar nicht so sehr, um den Nebel zu vertreiben, sondern um sich am Suchen und Stolpern in einer neuen Weitläufigkeit zu erfreuen ... und mitunter lichtet sich der Nebel eben auf diese Weise.

II.

Die Phänomene

Clov (richtet sein Fernrohr aus dem Fenster): Nichts …
und nichts … und wieder nichts. Na, zufrieden?
Beckett. Endspiel

5. **Die Risiken des Ich im Internet.** Der Raum des
Internet liegt vor mir, und ich weiß, daß ich ihn
nicht durchdringen kann. Ich kann seine Weite und
Möglichkeiten nicht einmal abschätzen. Nichts in meiner alltäglichen Welt entspricht diesem Raum aus Bildern, Informationen, Botschaften und Symbolen, er ist
im Modus meiner Alltagserfahrungen nicht darstellbar.
So gewinnt dieser Raum, oder besser dieses Feld, des
digitalen Netzes – ein Plateau von Allgegenwart und
Gleichzeitigkeit – aus der Perspektive der Alltagswelt
oder der „Realen Welt" etwas Imaginäres und Flüchtiges, obwohl er natürlich selber Teil unserer Realen
Welt ist. Eine Wirklichkeit in der Wirklichkeit. Sie ist
nicht greif-bar, weder im direkten noch im übertragenen
Sinn. Wir setzen uns einer (relativen) Orientierungs-

losigkeit aus, wenn wir in und mit dem digitalen Netz, das kein Zentrum und keine Struktur hat, kommunizieren.

Die desorientierende Eigenart dieses Systems hat verschiedene Gründe. Sie sind nicht leicht zu analysieren und kaum zu beschreiben, denn Wissensbestand und Sprachvermögen stoßen dabei rasch an eine Grenze. Einer dieser Gründe, vielleicht der wesentliche, ist merkwürdigerweise in der laufenden Diskussion wenig beachtet worden: Was immer wir aussagen oder beurteilen können, ist an unser „Ich", unser Selbst-Bewußtsein, gebunden. Dies aber erwächst aus körperlichen Vollzügen und körpergeprägten Erfahrungen, die zu Menschen und Dingen in einem komplexen sinnlichen und symbolischen Verhältnis stehen. Die Wirklichkeitserfahrungen jedoch, die wir im digitalen Netz machen, sind ungegenständlich, unsere Körpererfahrungen bleiben auf eine noch zu beschreibende Weise im Kontext der digitalen Kontakte bedeutungsleer. Teile unseres Selbst werden aktiviert, andere bleiben zurück: Alltagsreste.

Für eine derartige Aufspaltung unserer Ich-Funktionen gibt es in unserem alltäglichen Leben kein Beispiel. Wir finden im Realen kein Modell, das unserem Verständnis aufhilft. Seltsamerweise wollen mir zur Veranschaulichung zuallererst Beschreibungen von Psychosen einfallen, wie sie etwa M. Sechezasy im „Tagebuch einer Schizophrenen" aufgezeichnet hat oder wie sie in den Malereien der Prinzhorn-Sammlung so irritierend und insgeheim vertraut auftauchen; sie, scheint mir, können uns zumindest eine Ahnung davon verschaffen, wie sich die Dissoziierung unserer Sinne von der ordnenden Struktur der körperlich geprägten Selbsterfahrungen auswirkt. Aber ich räume gleich ein, daß solch ein Vergleich überdramatisiert erscheinen mag. Schließlich bleibt unser Ich mit all seinen seelischen und intellektuellen Funktionen intakt, wir können uns immer wieder auf ein stabiles „Selbst" zurückziehen, wenn wir die Erfahrungswelt der digitalen Netze, ihre visuellen und akustischen, bildhaften und tonalen Räume, aufsuchen.

Und dennoch: Wir geraten in der Tat in eine Wahrnehmungsdiffussion, die der psychotischen ähnelt. Wir werden, während sich unsere Sinne, unser Sehen und Hören, im Netz herumtreiben oder umherirren, in bestimmter Weise von unserem verkörperten Selbst und seinen psychischen Funktionen dissoziiert, und die Frage, was dann eigentlich „wir" oder „ich" ist, was es „währenddessen" ist, ist schwierig genug zu beantworten. Um so schwieriger, je näher wir hinsehen.

Wenn wir uns auf die digitalen Kontakte und ihre vielfachen Transformationen einlassen, dann bleibt unser Körper (und eben auch unser Körpergefühl und Körperbewußtsein) wie festgebunden auf einem Stuhl, bezogen auf das enge Rahmenbild eines Monitors, in jeder Hinsicht extrem eingeschränkt und begrenzt, während sich gleichzeitig vor unseren Augen und Ohren eine *un*eingrenzbare Welt von Bildern und Botschaften eröffnet. Der entscheidende Punkt liegt darin, daß wir diese Computerrealität nicht – wie ein im Rahmen eingeschlossenes Bild an der Wand – gleichsam aus einer beruhigenden Distanz betrachten können, während wir in unserem vernünftigen Selbst stabil und gesichert bleiben. Wir werden vielmehr in diese virtuellen Erfahrungswelten hineingezogen, in einen Wirbel von Möglichkeiten, angesichts dessen unsere Sinne auf eine atemberaubende Weise immer passiver werden.

Die erste Faszination, die mich erfaßt, entsteht aus einer sinnlichen Desorientierung, die mit der Aufhebung der vertrauten Raumordnung und dem dazugehörenden Zeitempfinden zu tun hat. Augen und Ohren stürzen in Räume, Bilder und Klänge hinein, die nicht mehr perspektivisch auf meine Körpermitte bezogen sind. Es sind partialisierte und verstreute Kontakt- und Informationspunkte, die meine Sinne erreichen und sie zugleich von der eingeengten Position meines Körper-Selbst entbinden. Sehsinn und (in geringerem Umfang) Hörsinn gleiten gewissermaßen in einen kommunikativen „Behälter" hinein, dessen Potential in einem triumphierenden Gegensatz zu den Begrenzungen des Körper-Ich steht.

In dieser Seh- und Hörwelt ist alles möglich. Es gibt keine Orientierungen, deshalb auch keine Grenzen. Ich bin auf einen Mausklick in einem Informationsfeld, das vom MIT ausgesendet und unaufhörlich erneuert wird, mit einem anderen Klick in Wissensbeständen der Biologie oder einer anderen Disziplin, die mich mit ihrer

Detailfülle überwältigt, von dort wechsle ich leicht zu anderen Eindrücken hinüber, rufe Bilder von Städten ab, die einander alle merkwürdig ähnlich sind, um schließlich die chatting-Nischen des Internet anzusteuern, wo ich anonyme oder nicht-anonyme (der Unterschied ist nicht bedeutsam, das System als Ganzes ist subjektlos) Kontaktpunkte aufsuche und mich in Wortwechsel einschalte, deren Anfang ich nicht kenne und die keinen Abschluß haben – ein Fluß der Kommunikation, der sich aus sich selber erneuert und erschöpft. Hier ist alles möglich, weil alles auf eine bestimmte Art gleichgültig ist.

In allem und jedem bin ich mit einer Handbewegung „mittendrin", an diesem oder jenem Ort, springe über Kontinente hinweg, virtuell mit der Geschwindigkeit des Lichtes, tauche unter und wende mich vom Begriffsrealen der wissenschaftlichen Informationen zum verspielten Schein etwa der im Internet ausgetauschten Programmierungsideen für PC-Games. Spielerisch nehme ich Kontakte auf oder mische mich in laufende Kontakte ein, und die Frage, wer dieses körperlose Ich in den digitalen Räumen ist, das „mich" repräsentiert, wird immer ungewisser.

Seine Möglichkeiten scheinen unbegrenzt, *meine* sind extrem reduziert, seine Allgegenwart lockt Kommunikationen quer über die Kontinente hervor, ich bleibe währenddessen wie gebannt in meinem Zimmer. Die Potenzen des Möglichkeitshandelns, das mein Sehen und

Hören aufs äußerste erweitert, lassen mich und mein Körperempfinden und meine Rest-Sinne immer weiter hinter sich zurück. Meine ganzen Körperbewegungen sind in den behutsamen Berührungen der Fingerspitzen auf der Tastatur versammelt, sonst bin ich überflüssig ... Was Augen und Ohren mir mitteilen, kann ich zu keinem Zeitpunkt in aktives Handeln übersetzen. Man kann sagen: Es ist gerade diese Passivität meines Körper-Selbst, die meine Sinnesorgane am Monitor festkleben läßt und sie dabei immer weiter von mir forttreibt. Ich und meine Sinne – wir sind einander ein wenig fremd geworden, wir sind voneinander abgelöst auf eine Weise, die für die Generationen vor uns unvorstellbar gewesen wäre.

So entsteht nun jene Desorientierung, von der vorhin die Rede war, eine eigenartige Verwirrung der Perspektiven. Nichts von dem, was ich sehe und höre, ist auf mich und meinen Körper bezogen, ich bin nicht mehr die Mitte, nicht mehr das „Hier", von dem sich das „Dort" über unterschiedliche Distanzen hinweg abmessen läßt. *Ich* bin nicht der Mittelpunkt, aber in den Bewegungen im oder durch das Netz gibt es ebenfalls keine Koordinaten, die eine stabile Orientierung ausmachen lassen. Es gibt kein Zentrum und deshalb auch keine Perspektiven, von denen aus eines zum anderen sich ordnet. Beim Computerspiel erleben wir übrigens dasselbe Phänomen, wir empfinden den Verlust einer zentralen Perspektive dort noch eindringlicher, weil die Objekte im animierten PC-Bild direkt auf uns zusausen und dann plötzlich wegkippen, nach oben oder unten oder seitwärts verschoben werden. Viele Elemente der Wahrnehmung und der psychischen Reaktion, die ich hier am Beispiel des Internet beschreibe, lassen sich ebenso deutlich am Computerspiel darstellen, worauf ich ausführlich zurückkommen werde (vgl. Abschnitt 9 und 10). Doch auch in den Kontakten im Internet empfinden wir bereits den Verlust einer auf das Körper-Selbst bezogenen zentralen Perspektive als höchst irritierendes Phänomen: „Innen" und „außen" sind ineinander verschränkt und existieren eigentlich nicht mehr.

Wo ich in meinem Alltagsleben in mir seelisch und körperlich einen festen Bezugspunkt habe, auf dessen Hintergrund sich das „andere" abbildet, da finde ich in meiner Position vor dem Monitor weder mich selber als ein wirksames Zentrum wieder, von dem aus ich die Erfahrungen im Netz ordnen könnte, noch finde ich in der Netzwelt Ordnungspunkte, Korrelate, Bezüge. Wo ich in der räumlichen Welt meinen Blick bis zum Horizont weiten und im Fernen streifen lassen kann, bin ich im Netz *selber im Fernen* und durchstreife den Horizont. Wo in meiner Alltagswelt der Horizont Sinnbild und real-sinnliche Begrenzung meines Blicks und in gewisser Weise Metapher für das „ganz andere" ist (und dabei meine Welt zugleich umrandet und zusammenbindet), da bin ich im Netz ganz eingetaucht ins „ganz andere". Die Nähe ist aufgelöst, aber die Ferne auch. Die horizontale Perspektive meiner alltäglichen Welt, von der ich ja weiß, daß sie hinter dem Horizont noch weiterführt, irgendwohin, hat immer auch etwas Verheißungsvolles („hinter dem Horizont geht's weiter ..."), diese Fremdperspektive ist im Netz einem *allumfassenden Ungefähren* gewichen, das keine Perspektive kennt und insofern auch das Fremde, „Jenseitige", das „ganz andere", nicht.

Ich bewege mich durch leichte Symbolräume; es war schon die Rede von dem jederzeit möglichen Wechsel der Szenen, Orte oder Nicht-Orte, Wissensbestände oder Wissensanhäufungen und von der Unverbindlichkeit aller möglichen, auf gewisse Weise entsubjektivierten Kontakte. Ich selber werde durch diese ungenaue Welt von einem kleinen zitternden Pfeil gelenkt, der auf eine seltsame Weise mein Sehen und Hören an sich bindet. Natürlich bin ich es, ich selber, der mit Interesse und Willen dieses Symbol lenkt, aber angesichts der *weichen Zusammenhanglosigkeit* der Ereignisse und Erlebensweisen ist es mehr als eine Metapher, wenn man sagt, daß diesem Zeichen eine gewisse Eigenwilligkeit zukommt.

Es verfügt über ein Potential, das gerade wegen der Undurchschaubarkeit und der Rätselhaftigkeit dieser bildhaften und zeichenhaften Labyrinthe eine fast magische Qualität annimmt. Beide erklären sich dadurch, daß wir uns in einem sinnlich erfahrbaren und deutbaren Raum befinden, der aus nichts als algorithmischen Rechenvorgängen besteht. Wir bewegen uns also auf einer Wahrnehmungsebene, die aus einem hochfunktionalen Rechenvorgang entstanden ist. Die Reihen der binären Zahlen (0 und 1) – in elektronische Impulse übersetzt – werden als Punkte auf dem Bildschirm wahrnehmbar. In ihrer Gesamtheit handelt es sich um Rechenvorgänge in einer extremen Beschleunigung und Automatisierung: eine homogene Zahlenwelt, welche nunmehr als Schrift, Klang und Bild eine Bezüglichkeit zur lebensgeschichtlich gebundenen Wahrnehmungsebene des Selbst erhält. Diese Verschränkung verschiedenartiger symbolischer Ordnungen ist der Grund dafür, daß die körperlich geprägte Sinnordnung des Selbst sich in diesen Bildwelten nicht mehr zurechtfindet. Zugleich wächst die Bereitschaft, das selbstreflexive Vermögen zugunsten einer Vorrangigkeit der technischen Funktionen zurückzustellen.

Wir sind die Welt, sagen die user, und sie sind es, sie fliegen von einem Kontinent zum anderen oder gleiten abrupt in Bilder vom Mikrokosmos, in hochspezialisiertes biologisches oder genetisches Wissen. Diese Welt ist nicht überschaubar, aber noch an den entlegensten und deshalb immer wieder überraschendsten Punkten oder Orten erreichbar. Alles, was geschieht, geschieht plötzlich – es gibt ja nicht die Vorbereitung auf ein Ereignis oder ein Zusammentreffen, wie wir es etwa dann erleben, wenn wir mit allerhand Mühe einen Kontakt aufsuchen oder eine Bibliothek betreten – Mühe, die eine Art Einstimmung und seelischer Abfederung eines Ereignisses durch Zeitlichkeit bedeutet. Hier ist alles da, und alles kann eintreten. Die sich ein-

stellenden Kontakte oder Informationen haben schon
wegen ihrer „Plötzlichkeit" etwas Überwältigendes.

Eigentlich schwinden stabile Erwartungen im Netz-
kontakt sehr schnell, eine ungefähre Erwartungsspan-
nung tritt an ihre Stelle, die etwas Kindliches und Naives
hat. Sie besteht aus nichts anderem als Staunen darüber,
was es alles gibt. Wie ein Schatzkästlein ist diese Welt,
das keinen Boden hat oder einen doppelten oder dreifa-
chen oder Spiegelungen, bei denen man wie bei einem
Zauberer oft nicht das gespiegelt bekommt, was man
erwartet, worauf man „reflektiert", sondern etwas anderes, Unvermutetes. Aber was tut's, auf den Eindruck von
Vielfalt, Buntheit und in gewissem Sinn Unendlichkeit
kommt es an, nicht auf Wirklichkeit. Der Realitätsbestand
ist in diesen Rechnerwelten ja ohnehin ungewiß …

… und so gleitet und fliegt man eben, und wer doch
eine Orientierung, einen Leiter und Lenker in der woh-
lig undurchschaubaren Welt sucht, der kann ja seinen
kleinen Pfeil, seinen Ich-Code, als Orientierungsmarke
wählen und sich selber auf der Spur bleiben: dieser
„Stellvertreter" im Netz schließt alle Räume auf, öffnet
Bilder oder Schriftkammern, lockt Sinnesnähe über
große Entfernungen hinweg, oder besser: löscht Entfernungen aus, aber auch er ist sehr ungefähr und un-
verläßlich, er ist eben auch nur ein Code neben anderen
Codes, die sich in einer unabschließbaren Kette anein-
anderreihen oder wie in einer Spirale übereinander ver-
drehen oder durcheinanderstürzen, und wer lange genug

fliegt oder sich tragen läßt, der mag durchaus das Gefühl haben, daß nicht nur sein verkörpertes Selbst vor dem Monitor inmitten dieser ineinander kommunizierenden Zeichenkette längst vergessen ist, sondern daß auch sein Repräsentant, sein Ich-Symbol, sich nur noch unscharf von anderen Codes, anderen Zeichen unterscheidet und in einer Fülle von Virtualitäten untergeht, die immer eigenmächtiger werden: ich fliege?, ich surfe?, ja, aber noch genauer wäre es zu sagen, *daß mir alles nur zustößt*.

Denn nichts ist ungewisser in dieser Metawelt als die Antwort auf die Frage: Was ist „ich"? Ich als verkörpertes Selbst vor dem Computer? Ich als Ich-Code in einem zergliederten Kommunikationsfeld? Gewiß ist nur die Potentialität, die diesem Ich zukommt. Wie sagen die „user", die sich um Identitätsfragen nicht kümmern? „Wir sind die Welt" oder, wie es hier lauten könnte: „Ich ist die Welt", und sie dringt auf mich ein oder fließt durch mich hindurch. Strukturen gibt es nicht, Bestände nicht, hier gibt es nichts zu besitzen, die disziplinierten Sinne des Habens, die in der realen Welt für so klare und prinzipielle Unterscheidungen sorgen, sind in dieser leichten und beweglichen Kommunikationswelt ganz verloren, sie melden sich auch gar nicht mehr, sind tief versunken und zurückgeblieben in meinem Körper-Ich. Ich *habe* nichts und *bin* kaum (solche Real-Schwere belästigte nur die Leichtigkeit, die mich trägt und die mich versorgt ...) – und bei der Vergegenwärtigung dieser Wahrnehmungsvorgänge drängt sich mir eine Sentenz auf, die Freud im Jahr 1920 notierte: „Wo das Reale schwindet, da haben die Wünsche ihren Auftrieb ..."

Wir stoßen mit unserer kleinen phänomenologischen Reisebeschreibung ganz zwanglos auf die halluzinierende Kraft der Wünsche, die im Netz aber seltsam gestaltlos, fast jenseits des Willens sind, Versorgungswünsche eben und im Versorgt-Werden maßlos, raumgreifend oder räumliche Vorstellungen auflösend, mit verarmtem oder verdünntem Zeitempfinden, fließend wie die Elektronik, der diese Rechnerwelt ihre Präsenz verdankt.

Omnipotenz und Fusion, Allgegenwart und Zerfließen in eine ungegliederte Welt, das gab es zuvor nur ein einziges Mal in der lebensgeschichtlichen Entwicklung, nämlich im symbiotisch umhüllten Raum des Mütterlichen. Es wird nun wieder wachgerufen beim Surfen, Gleiten oder Fliegen quer durch das Netz. Nicht zufällig haben all die Etikettierungen, die die user für sich im Lauf der letzten Jahre erfunden und in Umlauf gebracht haben, Anklänge an den realitätsleugnenden, fließenden und machtvollen Charakter des kindlichen Narzißmus.

Wir bewegen uns gleitend auf ein neues Terrain: Wo wir anfangs aus der Beschreibung der vernetzten Kontakte vorsichtige erste Folgerungen abzuleiten wagten, da wechseln wir jetzt hinüber in ein analytisches Feld, das der Tiefenpsychologie. Ich werde im Verlauf dieses Buches versuchen, auf möglichst geordnete – im Deutschen sagt man gern: systematische – Weise eine

Verbindung herzustellen zwischen den Erlebniswirk-
samkeiten der digitalen Medien und den narzißtischen
Gefühlswelten, wie sie in den tiefenpsychologischen
Fallstudien und Metatheorien dargestellt worden sind.

Norbert Elias hat darauf hingewiesen, daß eine Ge-
sellschaft, wenn sie ihren kulturellen „Habitus" einbüßt,
der ihre „Wir-Identität" stützt, und wenn sie ihre kollektiven Symbole und Orientierungen verliert, sie dann
von einer Art Gemeinschaftsneurose bedroht ist. Dieser
Bindungsverlust des „Man" findet seine Entsprechung
und seinen Ausdruck im eigenwilligen Gebrauch von
Symbolobjekten im „Cyberspace". Es ist wohl die moderne Grunderfahrung einer allgemeinen sozialen Be-
zugslosigkeit, es ist die geringe Bindungskraft, die von
gesellschaftlichen Institutionen und normativen Symbolen ausgeht, die uns alle für die „Rhetorik" der Computer
und ihrer Vernetzungen trainiert und anfällig gemacht
hat. Diese Rhetorik wiederum, so möchte ich zeigen,
korrespondiert innig mit den „Urgefühlen" des Menschen, den frühesten Erfahrungen „vor dem Ich". Darauf
werden wir in den folgenden Kapiteln zu sprechen kommen. Das Selbstgefühl einer sich noch nicht als Kör-
pereinheit empfindenden Existenz, eingebettet in die
fließend-symbiotischen Zustände im Schutz des Mütterlichen, so beschreibt Freud die suggestive Nicht-Ich-
Existenz des Neugeborenen, die halluzinierend in die
ersten Lebensmonate hinein fortgesetzt wird. In Anleh-
nung an Romain Rolland hat sich in der psychoanaly-

tischen Diskussion das Wort „ozeanische Gefühle" durchgesetzt.

Die zweite („sekundäre") Verfaßtheit der narzißtischen Empfindungen drängt sich, bei Betrachtung der Erlebnisse im Cyberspace, mit gleicher Evidenz auf. Der narzißtische Charakter, der sich im Realen angepaßt verhält, ist hochfunktional, oft perfekt, gleichwohl geprägt von einer bedrohlichen inneren Leere, einer Art Verwahrlosung im sozialen Kontakt, die er wieder und wieder durch die Suggestion einer inneren Grandiosität (eines Ideal-Ich) auszugleichen bemüht ist. Dieses selbstsuggestive Größenbild hat, solange es ungestört agiert werden kann, oft eine „Aura von Selbstsicherheit und Unwiderstehlichkeit", die der narzißtische Mensch zu verbreiten versteht. Es ist nicht zufällig ebendieser sich geradezu epidemisch ausbreitende Typus, der in einer zerfallenden Sozialkultur als optimal angepaßt erscheint und seine Selbstdarstellungen beruflich erfolgreich einzusetzen versteht.

Wir werden sehen, wie sehr charakteristische Züge des Narziß in den Kommunikationsweisen des Internet wiederzufinden sind: eine bestimmte Art des Versorgt-Werdens und der Ich-Passivität, Bindungslosigkeit bis an die Grenze der Leugnung des „Anderen" (Ist der „Andere" im Netz wirklich der, als der er sich beim „chat" ausgibt? Diese Frage ist im Netz nicht mehr plausibel), eine seltsame Form der wechselseitig gleichgültigen Abhängigkeit und dabei eine überall spürbare

ruhelose Suche nach etwas, das „hinter dem Möglichen"
liegt, „hinter dem Horizont", die Suche nach einem
überlebensgroßen omnipotenten Ideal (dem der Kommunikation als solcher, der Geschwindigkeit als solcher,
der Potenzen als solcher!).

Die schmale Pforte der Wirklichkeit, deren Zugang
für die infantilen Bedürfnisse durch Zensur und Verbote
geregelt ist, die Maß und Aufschub verordnen, sie wird
im Netz magisch aufgerissen, und triumphierend erkennt das Ich, das sich an einen imaginären Code verloren hat, daß es im Fluß der beschleunigten Daten-
ströme die eigene Entwicklungsgeschichte widerrufen
und bis zu den Quellen des primären Narzißmus, der
vergessenen Wünsche vordringen kann. *Hier* also haben
die „Wünsche ihren Auftrieb", hier, wo es noch keine
Objektkonstanz, die mühsam zu erwerbende, gibt und
kaum Objekte, wo das Selbst und das „Andere" inein-
anderfließen und ihre Repräsentanzen nicht unterschieden werden können, wo die Macht der Vernunft wenig
gilt und der Widerhall alter Ängste und Enttäuschungen
verstummt, untergegangen im Taumel der Symbole und
Metasymbole, ihrer leichten Erscheinung, ihrer mühe-
losen Transformationen, ihrem Schwinden ohne Schuld.

6. **Ich und Ich – und wer ist sonst noch da?** Ich kann
mich nicht erinnern, wer mir folgenden jüdischen
Witz erzählt hat, der sehr alt sein soll und jedenfalls sehr
weise ist. „Willst du ein gutes Geschäft machen, dann

kaufe einen Menschen zum realen Preis und verkaufe ihn wieder zu dem Wert, den er sich selber beimißt."

Ich kenne eine ganze Reihe solch menschenkluger jüdischer Witze. Es sind meine liebsten. Dieser kennzeichnet recht genau, warum wir alle immer wieder in die „narzißtische Falle" hineinrennen. In uns allen drängen und drücken Idealvorstellungen, tagträumerische Bilder von einer uns eigenen Bedeutsamkeit, die wir real niemals einlösen könnten. Stets wollen unsere inneren Ideale mächtiger und befähigter sein, als unser „armes Ich" zu sein vermag.

Dem Drängen des Ich-Ideals entgehen wir häufig nur dadurch, daß wir eine sehr viel großartigere Vorstellung von uns selber entwerfen, als wir bei realistischer Prüfung aufrechterhalten könnten. Vor die Wahl zwischen Selbsteinschätzung und Realitätsprüfung gestellt, geben wir eigentlich immer unseren schmeichelhaften Selbstvorstellungen und Illusionen recht – notfalls auf Kosten der Realität.

Die nicht ganz unlogische Folge davon ist, daß wir alle uns so häufig und so schnell verkannt fühlen. *Reality bites!* Wer ist schon nicht der Meinung, daß allzu viele seiner Fähigkeiten niemals die rechte Würdigung erfahren haben? Wer verfügt also nicht insgeheim über ein gewisses Potential an Neid und Zorn, das mit der direkten oder indirekten Neigung einhergeht, den Gesprächspartner abzuwerten – und sei es nur, um eine mögliche Diskrepanz zwischen dem eigenen Selbst und der Einschätzung des anderen von vornherein zu entschärfen.

Bei den Kontakten im Internet *kann* diese Unsicherheit (und das Risiko der Desillusionierung) gar nicht eintreten. Das Gegenüber, das Du mit seiner prüfenden Kompetenz, ist von Anfang an „entwertet". Es ist ja eine reine Funktion, auf die Beiläufigkeit reduziert, mit der ich es im Netz antreffe. Ein Mausklick, eine Bewegung der Fingerspitzen genügt, und es verschwindet, ohne die geringste Spur zu hinterlassen. Mein digitales Du ist nur ein möglicher Kontakt in einer Reihe vieler möglicher Kontakte, die ich alle beliebig und in schneller Folge (fast gleichzeitig) aufrufen kann.

Ich brauche den anderen nicht! Er ist mir nicht notwendig. Es gibt nämlich keine „Not" und keine „Notwendigkeit" im Netz, sondern überall Überfluß, ein Überangebot, eine Überversorgung (alles ist übermäßig, über jedes Maß hinaus vorhanden). Es gibt neben der einen Möglichkeit, die ich ausgewählt habe, immer noch unzählige andere Möglichkeiten. Die Technik holt sie mir in so hoher Geschwindigkeit, also fast ohne Zeitverlust, auf den Monitor, daß die eine und die andere letztlich gleichwertig, gleich gültig sind. Keine von ihnen hinterläßt eine prägende Erfahrung, eine bedrückende Einsicht, keine hat auch nur die Spur von Unausweichlichkeit.

In der realen Welt ist das anders. Dort werde ich wahrgenommen, werde von einem nicht kontrollierbaren

Blick angeschaut und fühle mich ihm ausgesetzt (was sieht er?). Dort werde ich von einem unerwarteten Lächeln berührt (woher weiß ich, ob es freundlich oder abschätzig ist? Kann ich jemals ganz sicher sein?). Je heftiger ich mein Größen-Selbst in einer gewissen Diskrepanz zu meiner Wirklichkeit weiß, um so größer ist mein Risiko, mit jeder Begegnung verunsichert, ja verletzt, weil auf mich selber zurückgestoßen zu werden.

In der digitalen Welt dagegen gibt es kein Ich im herkömmlichen Sinn, schon gar keines, das unveränderlich ist und sich in irgendeiner Weise festlegen ließe. In der digitalen Welt tragen wir alle Tarnkappen und unter ihnen austauschbare Gesichter ...

Darum kann ich meine Größenvorstellungen in den Netz-Kontakten in gewisser Weise „delegieren". Ich tue es dadurch, daß ich meine (überlebensgroßen) Idealbilder auf die virtuelle Realität projiziere und sie dort so erlebe, als seien sie real. In gewissem Sinn sind sie das ja auch. Ich bin viel näher an meinen Phantasien, an meinen Tagträumen als an der Wirklichkeit, die oft so bedrückend ist. In den Netzkontakten, in denen es viel Intimität und keine Nähe gibt, bin ich der, der ich sein will. Und diese Erfahrung ist mir kostbar. Sie hält mich in diesen eigentlich extrem reduzierten Kommunikationsformen fest.

Hier gibt es keine einzige kritische Instanz und kein konkretes Gegenüber, das mich dazu zwingen könnte, jene Anteile von mir, die mir selber inakzeptabel erscheinen, wahrzunehmen und anzuerkennen. Ich kann sie gewissermaßen „einschmelzen" in die grandiose Ausdehnung auf vielerlei Kommunikationsmöglichkeiten, die mir allesamt ein stabiles und unverletzbares Selbst widerspiegeln.

In jede Begegnung und jede Handlung, die ich in meinem alltäglichen Leben unternehme, spielt Vergangenheit hinein. Immer bin ich in allem, was ich erlebe, an meine Erinnerungen gebunden. Immer bin ich nur dieses festgezimmerte „Ich" und kann nicht hinaus! Aber meine Biographie mit all den übermächtigen Gestalten der Kindheit – Vater und Mutter, Lehrer und andere Autoritäten – ist an bestimmte Realitätsbedingungen geknüpft. Wo diese zurückgedrängt werden, wo Zeit und Raum und Körperlichkeit keine Rolle mehr spielen in der Hektik von ganz anders gearteten, immer neu auf mich einstürzenden Kommunikationen, da erfaßt mich ein Gefühl von Bindungslosigkeit. Es ist ein befreites Gefühl, es reißt mich für unbestimmte Dauer aus den Fesseln der Vergangenheit und bindet mich in eine andere Zeitform – die eigenartige Zeit des Digitalen.

Diese neue Leichtigkeit und Freiheit sind kostbar. So kostbar, daß ihretwegen der andere im Netz mir etwas bedeutet oder, um es genau zu sagen, daß seine Flüchtigkeit und sein Mangel an Präsenz mir etwas bedeuten. Die Leichtigkeit der Kommunikationen, das Kommunizieren als solches, ist mir wichtig. Ihr Inhalt, ihr Gegenstand dagegen sind weitgehend vertauschbar.

Merkwürdigerweise braucht aber sogar der leichte und freie Kontakt im Netz eine gewisse Beständigkeit, einen Halt und eine Bindung. Und so etablieren sich auch in den Netzkontakten feste Gruppen, gleichsam virtuelle Peergroups, die wohl nur darüber funktionieren, daß der eine im anderen ungehindert seine Größen-Phantasien spiegeln kann. Hier, in meiner Peergroup im Netz, bin ich der, der ich immer sein wollte. Oder derjenige, der ich momentan, in dieser Befindlichkeit, dieser Stimmung, zu sein wünsche (zu sein wähle). Ich präsentiere mich als eine der vielen Varianten, der mannigfaltigen Facetten, die meine „Ich"-Phantasien annehmen können. Heute dieser, morgen jener, übermorgen ein anderer.

Und weil dies so ist, wird die Kommunikation in den „Chatting-bars", den kleinen virtuellen Cafés, keineswegs dadurch gestört oder unmöglich gemacht, daß einer den anderen für einen telematischen Schwindler hält, daß einer vom anderen weiß, daß seine Identität nur ein Deckname, eine Marge für seine jeweilige Befindlichkeit ist, die mit seiner realen Existenz nichts zu schaffen hat. Keiner ist für den anderen, was er für sich selber ist. Im realen Leben würde diese Tatsache jeden Kontakt sinnlos, überflüssig und langweilig erscheinen lassen.

Aber hier im Netz ist eben alles anders: Gerade wegen ihrer Neutralität, in der tiefere Bindungen erst gar nicht aufkommen können, werden diese Kontakte mit großer Konzentration, viel Vertraulichkeiten und einer gewissen Erleichterung von allen Teilnehmern fortgesetzt, oft stundenlang fortgesetzt, nächtelang. Die Entwertung bis hin zur Auslöschung der Bindungen an den Kontaktpartner wird von allen Teilnehmern insgesamt als Befreiung erlebt und stiftet ebendadurch eine ganz besondere Art des Gemeinschaftsgefühls. Es ist so, als gäbe es darüber hinaus gar keine innere Bindung an Vergangenheit oder Zukunft. Die Zeitlosigkeit der Elektronik findet in diesen Kommunikationen ihre Entsprechung.

7. **Ich werde, was ich kommuniziere.** Die andere Seite: Ich bin in ein merkwürdig beobachtendes Verhältnis zum mir eingetreten. Immer nehme ich neben den Dingen, die auf dem Monitor geschehen, neben den Antworten, die mich erreichen, den Informationen, die mir vor die Augen schwimmen, mich selber überdeutlich wahr; ich bin ja mit einem Teil meines Selbst abgetrennt von dem, was auf mich einströmt, und nun stellt sich, zunächst fast unmerklich, dann immer unabweisbarer angesichts der vielen Wahrnehmungen ein gegenläufiges Gefühl ein. Eines, das von Leere und Ichlosigkeit gekennzeichnet ist, von *Antwortlosigkeit*.

Wir sind ja niemals gesichert in uns selber! Auch als seelisch gesundes, mit dem Körper vereintes Selbst sind wir immer von Ängsten bedroht, von Zweifeln verstört, uneins mit uns – deshalb haben wir immer den Wunsch, in der *Totalität* unserer Existenz zur Kenntnis genommen und angenommen zu werden.

Ebendies ist in den Netzkontakten gar nicht möglich! Deswegen: Ich vermag so vieles, bin aber so wenig. Ich werde in diesen Kommunikationen ja niemals wahrgenommen. Nicht das „Ich", sondern eine kalkulierte Repräsentation meiner Selbst ist im Netz existent und verliert sich mit dieser Teilexistenz in Kontakte, die alle möglichen menschlichen Erfahrungen berühren. Aber niemals, niemals werde ich inmitten all dieser intensiven Erfahrung ein Gegenüber antreffen, das mich ganz zur Kenntnis nimmt.

Ich bin vor dem Monitor auf seltsame Weise real und nicht real, meine Sinne treiben von meinem verkörperten Selbst weg und in eine fiktive kommunikative Welt hinein, die „da" ist und auch wieder „nicht da". Und gleichzeitig ist mein Gegenüber ebenso „da", es existiert ja. Und ist „nicht da", nimmt mich nicht zur Kenntnis, und ich nehme „es", das Gegenüber, auch nicht zur Kenntnis.

Und nun stellt sich ein eigenartiger seelischer Reflex ein. Weil ich derart un-eins mit mir selber und dem anderen bin und weil meine nur auf den ersten Blick so umfassend scheinenden Kommunikationspotenzen in eine gewisse Leere umzuschlagen drohen, weil ich mich vor dieser Leere und der damit einhergehenden Gleichgültigkeit schützen will, weil all dies so ist, wächst in mir die Bereitschaft, das zu werden, was ich jetzt, in jeweils diesem Moment, kommuniziere.

Es ist ein wenig wie in einem Kinderspiel. Rilke hat es einmal beschrieben und meinte einen paradiesischen

Zustand: „Sah ich einen Bach, wie hab ich gerauscht ...“ Aber dies hier ist nicht das Paradies. Es ist eher eine Art Konfusion, die von meinem überwachen Bewußtsein hervorgerufen wird, das eingeschüchtert in meinem Körper-Selbst steckt und meinen Sinnen auf ihrer digitalen Reise zuschaut.

Das Selbst des Körpers ist nicht das Selbst der Kommunikation im Netz. Weil die Einheit von Körpergefühl und Selbstgefühl aufgehoben ist, wird mein Bewußtsein überbetont. So von mir abgetrennt und zugleich selbstbeobachtend bin ich nicht, wenn ich auf der Straße vor meinem Haus spazierengehe, wenn ich den einen oder anderen Blick auf mich gerichtet fühle und selber den einen oder anderen begehrlichen oder gleichgültigen, interessierten oder angerührten Blick auf andere richte. Wenn ich tagträumend vor mich hin gehe, ziellos – dann bin ich immer viel mehr einig mit mir, als ich es im Netz bin. Dann werde ich von den einzelnen Menschen und mehr noch von der *Gesamtheit ihrer Existenzen* auf diesem Straßenpflaster, vor dieser Ampel, diesem Geschäft und Schaufenster mitgetragen und bin meiner selber auf eine unwillkürliche Weise bewußt, ohne mir darüber Rechenschaft abzulegen.

Nun aber, im digitalen Raum, lege ich dauernd Rechenschaft ab und schaue mir selber wie einem Fremden zu ...

Im Netz stehe ich paradoxerweise mehr als in der realen Welt auf dem Prüfstand meiner eigenen Beobachtung, seltsam abgetrennt von den Kontakten, die ich eingehe, begleitet von einer Art Hyper-Bewußtsein, das mit meinem Selbstgefühl nicht übereinstimmt.

Ich werde, was ich kommuniziere – und daneben steht dieses überwache Bewußtsein und schaut mir zu. Was für eine seltsame und verquere Kommunikation das ist! Mein Bewußtsein dreht sich um und um und schnürt sich selbst geradezu ein. Deshalb muß ich das helle Bewußtsein meiner Selbst ein wenig zur Seite schieben, wenn ich weiter im Netz funktionieren will! So entsteht beim stundenlangen „Surfen" vielleicht dieses hochaktive *und* abwesende Selbstempfinden, das mich immer tiefer in diese Kontakte hineintreibt und immer weiter weg von dem, was mir im Alltag als „Ich" zugänglich ist.

8. **Ein Streifzug. Chatte mal wieder…** *Änderung tut not. Änderung in jeder Beziehung, sozusagen in alle Himmelsrichtungen. Gleich geht's los. Der Computer summt schon. Nacht ist es außerdem, die Voraussetzungen könnten nicht besser sein.*

Heute bin ich mal zehn Jahre älter als sonst. Morgen werde ich zehn Jahre jünger sein, voraussichtlich 25 bis 28 Jahre alt.

„Geben Sie erst ein Pseudonym ein …" – so lautet der Einstieg in den „Beauty-and-More"-Chat – „ … und wählen Sie dann Ihr Gesicht." Viele Gesichter stehen im B&M-Chat zur Auswahl, die meisten jung, einige nicht so jung, weibliche, männliche oder irgend etwas dazwischen, berühmte und unbekannte Gesichter und eines, das aussieht, als käme es von einem polizeilichen Fahndungsfoto; sogar ein Siebdruck ist dabei mit Gesichtszügen, dessen Eigenarten unter dem groben Raster auf angenehme Weise verschwimmen.

Ich darf frei wählen.

Vielleicht sollte das heute mein Gesicht sein! Ein Rastergesicht, beinahe unkenntlich! Das wäre doch was! Oder ich schlüpfe in die Rolle eines Filmstars, *heißen Sie Marilyn?*, oder in die Vergangenheit eines Filmstars, *mein Name ist Elisabeth T., als sie noch schön war!*, oder ich vertausche mich mehrmals unter mehreren Namen mit verschiedenen Gesichtern wie Madonna in ihren besten Zeiten.

Alles ist möglich …

Bevorzugte Fragen im Beauty-Chat: Wie siehst Du aus? Wie machst Du das, daß Du so gut aussiehst? Irre Fragen, mitten im Netz, wo keiner vom anderen weiß, wie er real aussieht: angenehm oder sonstwie, gestylt oder verschlampt, mit blond-, braun-, grün- oder lilafarbenem Haar oder gar keinem Haar (alle Selbstauskünfte müßten im Konjunktiv gegeben werden).

Die bevorzugte Beauty-Frage lautet eigentlich auch gar nicht: Wie siehst Du aus?, sondern: Wie *möchtest* Du am liebsten aussehen? Und wie möchte ich am liebsten aussehen?

Noch eigentlicher lautet die Frage: Wie möchte ich, daß Du möchtest, wie ich aussehe. Und umgekehrt: Wie möchtest Du, daß ich aussehe? (Jeder will sich als sein eigenes Schönheits- und Wunschideal in den Äußerungen des anderen bestätigt finden.) *Was tust Du dafür, daß Du so schön blond bist, wie Du bist?* Die Frage geht möglicherweise an einen sechzigjährigen Glatzkopf. Was ich dafür tue? Ich chatte! Siehst Du doch.

„Beauty and More": Die beschworene Schönheit ist eine Fiktion. Das „More" ist auch eine. Schön-Sein allein reicht als Thema offenbar nicht. Es muß noch etwas hinzukommen: eben das „Mehr". „Mehr" als Prinzip, uneinlösbar.

Das Klick-Klack der digitalen Kommunikation, und schon ist Beauty kein Thema mehr, dann leider diese ganz unpassende Warterei, mitten in der elektronischen Eile (aber das kriegen die Techniker schon noch hin, langfristig), dann endlich die nächsten Kontakte. Wo bin ich eigentlich?

Der Pro-7-Chatmaster fragt höflich, ob ich meinen Namen registrieren lassen möchte. Registrieren heißt in aller Regel, daß meine Mail-Box ab sofort mit Werbung vollgestopft sein wird. Zielgenaue Werbung. Mein Computer weiß alles von mir. Welche Bücher ich bestelle, welche Themen mich interessieren, in welcher Reihen- oder Rangfolge ich Themenbereiche abfrage, wie lange ich bei welchem Thema verweile, und noch einige Dinge, über die ich nicht rede. Mein Computer weiß viel, und er ist geschwätzig. Was er weiß, gibt er auf die eine oder andere Art auch wieder preis. Ich lasse mich lieber nicht registrieren.

Also, mein Name oder sonst ein Name, mein Paßwort oder irgendein Wort – und schon wandele ich durch die offenen Räume der Pro-7-Kommunikationen. Die Chatter stellen sich vor. Der Ritter des Lichts, Heart-Attack, Claudia und Rudolph und der Marquis mit einer oder zwei Sklavinnen (der ist überall!). Es ist exakt 23.42 Uhr, sagt mein Computer, der es genau nimmt.

Sahra und Kain küssen sich.

Stargate ruft Katerchen.

Largo verläßt den Raum.

Lover auch.

23.43 Uhr.

Katerchen ruft Susi 16. „Message: Wie geht es Dir?"

Stargate ruft Katerchen zum zweiten Mal.

Vom „Leonberg" ergeht eine „Message" an „Wolfgang": „Schläfst Du schon?" Ich schlafe nicht. Ich sitze vor dem Computer und schreibe über Computer. Hoffentlich weiß die Linke, was die Rechte tut ... Es ist 23.44 Uhr.

Die Zeitschrift *Elle* sagt, daß man in ihrem „Gesprächsforum" seine innigsten Wünsche, Träume, Interessen kundtun möge. Die Zeitschrift *Elle* sagt im selben „Atemzug", daß die Sparpreise für alle Linienflüge zur Zeit günstig seien, weltweit. Chatten wir oder fliegen wir? Egal, wir kommen eh immer bei uns selber an, so oder so.

Es ist 23.53 Uhr.

André ruft Marlene: „Du wolltest doch jetzt hier sein!" (Marlene, scheint's, ist auf Reisen. Linienflug, nehme ich an.)

23.54 Uhr.

Kian klagt: „Das 2. Mail is wech." Kian hockt in irgendeiner Universität und hat nichts zu tun.

Jean Pierre sagt, daß er ein Mail empfangen habe. Es sei aber sehr kurz. Er werde ein längeres Mail schreiben.

23.56 Uhr. Der Looser sagt, daß Kians Mail „da" sei. Ich will nicht unhöflich sein, aber ich werde mich nun verabschieden. Sonst schlafe ich wirklich ein. Ich weiß genau, daß ich noch stundenlang hier rumschauen könnte und immer nur über das Abschicken und Ankommen, den Verbleib oder das Ausbleiben von Nachrichten unterrichtet würde. Aber was *drinsteht* in den Mails, erfahre ich nie.

Interessiert auch niemanden.

Was soll schon drinstehen?

Bei *Brigitte* wird getalkt, nicht gechattet. Bei *Brigitte* gibt es ein richtiges Thema, die Teilnehmer werden gebeten, sich daran zu halten. Bei *Brigitte* geht es altmodisch und höflich zu. Ein bißchen hanseatisch-distinguiert. Aber trotzdem privat, intim. Schon die Sätze sind Wunder an Elaboriertheit. Ausgeführte Sätze. Ganze Sätze. Wird natürlich schnell langweilig.

Das Thema, zu dem wir uns am Monitor versammelt haben, lautet heute „Eifersucht". Nina sagt, die Eifersucht sei ein kleiner gelber Teufel, der sich im Magen festkrallt. Nina kann sehr hübsch formulieren. Nina sagt, sie tue Sachen, die sie nie für möglich gehalten habe. Sie traue sich schon gar nicht mehr, in den Spiegel zu schauen.

Kiki sagt, für sie und ihren Lover sei Eifersucht kein
Problem. Knut sagt, daß seine Freundin fremdgeht. Stört
ihn aber nicht. „Tulip" meldet sich, Eifersucht sei ein
Leichentuch, sagt sie.
Es ist weit nach Mitternacht.
Genug gechattet.
Ich gehe jetzt nach Hause. Bin eh schon da. Ist ja prak-
tisch!

Die Möglichkeiten des Austausches sind vielfältig. Die
News Groups beispielsweise bilden sich in sogenannten
„Foren", idealerweise jeweils zu einem bestimmten
Thema, das seinerseits Unterthemen und neue Groups
hervorruft, und so funktioniert der digitale Austausch
derzeit wie eine Art Genesis einer am Beginn stehenden
Kommunikationswelt. Es gibt bereits heute praktisch
kein Thema, zu dem sich nicht irgendwo auf der Welt –
vorwiegend in englischer Sprache – Teilnehmergruppen
gefunden haben. Im Internet Relay Chat – vor allem von
Universitäten betrieben – wird ungeordneter gechattet.
Die Chatter-Kultur hat hier einen studentischen Charakter. Neben den thematischen Gesprächsrunden gibt
es in wachsender Zahl das virtuelle Gespräch „unter vier
Augen", virtual privacy.
Der übliche Weg ist so, daß man in einer allgemein
zugänglichen Teilnehmergruppe den einen oder anderen
sympathisch findet – wie in einer Kneipe zu vorgerück-
ter Stunde –, sich allmählich absetzt zu einem vertrauli-

chen Gespräch, das, im Schutz der besonderen
Anonymität, recht zügig intim wird (was „vertraulich",
„Vertrautheit" oder „Intimität" im Netz bedeuten – dazu
mehr in den Abschnitten 7 und 9). Nun hat jede Art von
Intimität ihre besondere Dynamik, die, einmal in Gang
gekommen, ihren Weg nimmt. Es gibt ebenso viele
„One-Hour-Stands" im Weltnetz wie lang anhaltende
Beziehungen, und es soll sogar (hier freilich versagt
des Autors Vorstellungskraft) persönliche, also „reale"
Beziehungen geben, die vom Netz in die (noch realere
oder noch fiktivere) Welt der Körper übertragen werden
und in dem einen oder anderen Fall auch schon
Hochzeitsglocken ertönen ließen – Liebe also, die sich
aus der puren Anonymität, der reinen Abstraktion einer
Symbolwelt hineinarbeitet bis in die Körperlichkeit, ein,
wie so vieles in der Kommunikationsweise des Netzes,
höchst romantisches Motiv. Gechattet wird immer noch
vorwiegend per Schrift, plus Zeichen, Icons, Symbolen
und Sprachverkürzungen, die jeweils ihre modische Zeit
haben und dann weiterentwickelt oder ausgetauscht werden – sie sind jeweils dem eingeweihten Chatter bekannt.
Dies überhaupt eine Welt der Eingeweihten. Deswegen
manchmal ein wenig provinziell. Eine E-Mail-Adresse
hat heute jeder, der sich traut, eine eigene Visitenkarte
drucken zu lassen („Und Ihr E-Mail, wo ist das? Ganz
hinten oder wo? Wie, kein E-Mail?" – ein Geschäfts-
gespräch, das so beginnt oder endet, kann man mit ziem-
licher Zuverlässigkeit als erfolglos abbuchen). Also

nichts mehr über E-Mails und die Glaubenskriege zwischen den Pionieren – älteren Herrschaften meist –, die an das freie kommunikative Netz ohne Kontrolle glauben, und den fixen, jungen Geschäftsleuten, die jeden Versuch, die überquellende Werbung, die versteckte und offene, im Mailkasten unter Kontrolle zu bringen, auf irgendeine Art und Weise immer wieder zum Scheitern bringen, kurzfristige Rückzugsgefechte eingeschlossen.

Die MUDs, die Multi-User-Abenteuer- und Rollenspielplätze sollte ich erwähnen, in denen die Spieler als sogenannte „Avatare" in Erscheinung treten (ursprünglich die Bezeichnung für hindische Götter, die, weil sie sich in der Welt der körperlichen, identitätsgebundenen Menschen nicht zurechtfanden, ihre Köpfe, Glieder, sogar ihr Geschlecht vertauschten), Pseudonyme mit veränderlichen Egos. Freilich ist „Avatar" eigentlich jeder, der sich in die *Ungenauigkeit*, den *nicht festlegbaren* Kommunikationsrahmen des Netzes, begibt. Hier ist jeder, ob er spielt oder nur redet, schreibt, quatscht, in einem sehr direkten Sinn „eigenschaftslos" und ein wenig ausgestattet mit den Talenten einer untergeordneten Gottheit.

Insofern ist es vielleicht doch kein so erstaunliches Phänomen, daß manche Liebesgeschichten im Netz beginnen und in einem realen Schlafzimmer enden (eine artifiziell gesonnene Seele könnte es sich, wenn ich recht darüber nachdenke, *in der umgekehrten Reihenfolge* sehr viel reizvoller vorstellen). Liebesgeflüster und die Folgen – der Autor gesteht, dergleichen nie erlebt zu haben und auch kein Bedürfnis danach zu verspüren, muß sich also auf das stützen, was ihm erzählt worden ist.

So könnte es beginnen: Sie lernen sich ano- und pseudonym kennen und wollen nun ihr Gespräch, unabhängig von der Gruppe, fortführen. Intim. Sie wollen einander näherkommen, sich vielleicht schätzen lernen, vielleicht lieben lernen – es stellt sich dann schon heraus, daß man dazu nicht mehr vom anderen zu wissen und zu kennen braucht als dessen datengewordene Anonymität.

Sie nennen sich Daisy und Donald, Fix und Foxi und ähnlich – die unerschöpfliche Namensliste der Trivialliteratur ist merkwürdigerweise oder bezeichnenderweise als Vorlage zur Wahl eines treffenden Pseudonyms im Netz sehr beliebt.

Bleiben wir also dabei, hören zu, lauschen unbefugt (verstecken können wir uns nicht, hier gibt es keine Verstecke).

Von: Daisy
An Donald.
Datum Uhrzeit
Nix los, oder?
Von: Donald
An Daisy.
Datum Uhrzeit
Fang doch an.
D. an D.: Womit …?

Der Schutz, der solche Gesprächsanfänge umhüllt – der unter anderem dadurch entsteht, daß, anders als in

einem Telefongespräch, Aufgeregtheiten, Schüchtern-
heiten, Verzagtheiten, sexuelle oder sonstwelche Er-
regungen nicht wahrgenommen werden, dazu der
Schutz der Entfernungen (der Gesprächspartner ist möglicherweise Hunderte von Kilometern entfernt) –, dieser
mannigfache Schutz fördert offensichtlich eine gewisse
Neigung zur Direktheit. Ich vertraue mich und meine
spontanen Gefühle dem Netz leichter an als einem realen Gespräch. Es ist eine Tiefe ohne Nähe, die hier vor-
herrscht, ein wenig so wie manche Gespräche in einem
Zugabteil oder einem Wartesaal, wo die Fremdheit red-
selig und freimütig macht. Selbst in den nächtlichen professionellen Sex-Service-Telefonaten bin ich mehr
„ich", bin erkennbarer. Folge: Manche erotischen Kontakte verlaufen im Weltnetz mit einer Rasanz, die es in
der realen Welt nicht oder nur unter massivem Alkohol-
einfluß oder vielleicht auf unästhetischen Swinger-
Parties gibt. Hier ist alles clean und fern und rein. Das
ist wohl ein nicht unerheblicher Teil des Reizes. Aber
den sexuellen Aspekt verfolgen wir hier nicht weiter,
bleiben wir dezent.

D. an D.: Wir könnten uns ja kennenlernen.

D. an D.: Ächz.

*D. an D.: Reden, quatschen, schreiben, frohlocken.
Warum denn nicht?*

D. an D.: Ach, das meinst du ...

*D. an D.: Jubilieren, in den Himmel steigen, auf Wol-
ken schweben, durch die Nächte segeln, Seelen füttern.*

*D. an D. (kichert): Die Lebendigen und die Toten. Ich
denk an Dich.*

Von: Daisy
An: Dagobert
Datum Uhrzeit
*Ich bin wieder da. Es ist September, wie im Broad-
way-Song, kennst Du das: Try to remember, the kind of
september, we were young, grain was yellow. Wie alt bist
Du eigentlich? Sehr alt? Steinalt? Uralt? Blutjung? Ich
liebe alte Männer ...*

*Donald an D.: Alt ist nur als Idee schön. Ich bin jung!
Was willst Du mit alten Männern? Alle Frauen haben
einen Vaterkomplex, wußtest Du das?*

*D. an D.: Mein Vater ist tot – oder fast tot, für mich
so gut wie! Ich mag meinen Vater nicht.*

*D. an D.: Die sind besonders vaterfixiert. Die Has-
serinnen.*

Familiengeschichten als Ausgangspunkt für Vertrautheit, wie im richtigen Leben. Nirgendwo gibt man
auf so scheinbar objektive Weise soviel von sich preis
wie im Sprechen über Vater und Mutter, Bruder und
Schwester. Wer alle intimen Protokolle im Netz sammeln könnte, würde wohl als erstes auf die Gleich-
artigkeit bei der Herstellung menschlicher Beziehungen stoßen.

Zwei Tage später. Höchstens drei Tage. Selten
erstrecken sich die Zeiträume zwischen den Kontakten
über mehrere Tage. Die Mentalität der Teilnehmer im

Netz ist ungeduldig, in jeder Beziehung. Im Spiel, im Beschaffen von Informationen, im Beginn und im Verlauf von Kontakten.

D. an D.: Ich heiße Walter.

D. an D.: NEIN!!!

D. an D.: War nur ein Witz. Herbert! Ist auch nur ein Witz.

D. an D.: Aber ein besonders blöder. Irgendwie unheimlich. Hör bitte auf. Namen klingen so fremd. Wollen wir Namen weglassen. D. ist toll. Ein richtig guter Buchstabe.

D. an D.: Und X? Wie ist das?

D. an D.: Klischee. Bitte nicht. Du bist komisch heute. Fremd.

D. an D.: Daß Du das merkst. Das find ich großartig. Ich bin wirklich wütend heute. Heute ist alles schiefgelaufen.

D. an D.: Beruflich??

D. an D.: Privat!!

D. an D.: Smile. Du bist einsam!

D. an D.: Kann gar nicht sein. Wir reden doch. Ich finde, wir reden gut miteinander. Geht mir schon viel besser. Mach weiter ...

Irgendwann kommt der Name dazu, der richtige. Oder ein zweiter Versuchsname. Irgendwann der Ort, die Adresse. Meist bleiben beide in dem digitalen Schutzraum, weil er eine besondere Nähe, Tröstung anbietet, eine unspezifische Hoffnung ohne das Risiko der

Enttäuschung. Manchmal baut sich Intimität, Nähe ohne Enge (Enge ist unmöglich), über der Leere des „Du" auf: Ich will nicht wissen, wer Du bist, ich will Dich nicht sehen, ich will Dich nicht in einem Bild festhalten, sondern in *vielen* Bildern, wechselnden …

Viele Abstufungen gibt es im Netz und immer das Gefühl des Vorläufigen, Unabgeschlossenen, Unverpflichteten, das so lange dauert, bis einer von beiden den anderen dazu drängt, von der digitalen Realität in die körperliche, von der vorstellbaren in die sichtbare zu wechseln. Ich würde gern wissen, wie viele Kontakte genau an diesem Punkt abbrechen. Ich vermute: Es sind sehr viele. Und ich vermute: Sie brechen tatsächlich einfach ab. Wie ausgelöscht. Und: kommentarlos.

9. **Soziokulturelle Aspekte. Ergänzungen.** Solche idealisierende Kommunikationsweise bis hin zur Fiktion des Selbst hat ihre Voraussetzung in einer gesellschaftlichen Situation, in der das einzelne menschliche Wesen immer nur marginal an Substrukturen angebunden ist, ansonsten die Integration der auseinandertreibenden Eindrücke, Lebensvoraussetzungen und Sinnorientierungen aus sich selber leisten muß. Die dabei drohende innere Bindungsleere und Sinndiffusion werden in den paradoxen, extrem selbstbezüglichen und zugleich das Selbst überrollenden Strukturen und Verfahrensweisen des Internet bestätigt und in gewisser Weise im psychischen Geschehen gefestigt.

Dazu einige Anmerkungen: Wer findet sich in dem sozialen Gelände unserer Großstädte zurecht? Sie sind zerrissen und heterogen. Mit ihrer Gleichzeitigkeit von völlig unterschiedlichen sozialen und persönlichen Situationen, ihrem Nebeneinander von verschiedenartigen Traditionen und Werten, Maßstäben und Ordnungen fordern sie von den modernen Menschen ein Maß an Integrationsfähigkeit, das schwer zu bewältigen ist. Dazu kommt, daß uns die Großstädte (und Zug um Zug auch die kleineren Städte und ländlichen Gebiete) in eine Anonymität einhüllen, die einsam macht.

Vereinzelt und zugleich hochindividualisiert streifen wir durch die Unterschiedlichkeit und Unübersichtlichkeit unserer sozialen Plätze, Zugehörigkeiten, Gruppierungen. Wir sind nirgends ganz zu Hause. Und ebendies, das Nomadische unserer städtischen Existenz, macht uns bei aller Individualisierung abhängig und anpassungsbereit. Die Verschiedenartigkeit der Szenarien in den Großstädten können wir nicht mehr dadurch bewältigen, daß wir sie in unser Bewußtsein integrieren, wir können sie nicht mehr „auf-nehmen" im emphatischen Sinn; wir passen uns statt dessen von Erfahrung zu Erfahrung, von Szenerie zu Szenerie im Wechsel der Kulturen und Subkulturen passiv an. So sind wir hochindividualisiert und ohne Verläßlichkeit in uns selbst, autonom und gleichzeitig sozialen Situationen wohl mehr ausgeliefert und in unserem Ich-Gefühl mehr auf sie angewiesen als je eine Generation vor uns.

Die Veränderung des Sozialen durch das Aufkommen der Metropolen und Großstädte wird seit Anfang des 19. Jahrhunderts beschrieben. Parallel dazu entstanden mit Eisenbahn und Telegraphie einerseits neue Fortbewegungsmittel, die die Abstände zwischen Regionen und Menschen in einem unvorhersehbaren Ausmaß verringerten, und andererseits Kommunikationsmedien, die mittels der Elektronik räumliche Entfernungen insgesamt bedeutungslos machten oder zumindest hochgradig relativierten. Neue Bildmedien kamen dazu: vom Simulacrum zur Photographie, später deren Weiterentwicklung zum bewegten Bild im Kinosaal – in ihnen fand das zerrissene Lebensgefühl der Großstädter ein angemessenes (Ausdrucks-)Medium.

Insgesamt ist es so, daß die Medien seit etwa einem Jahrhundert eine Entwicklung nehmen, in der sie Gesellschaftliches und Persönliches nicht nur abbilden, sondern selber beeinflussen. Die Entwicklung der sozialen Funktion von Medienbildern ist vielleicht so zu umschreiben, daß, beginnend mit der reproduzierbaren Photographie in der ersten Hälfte des 19. Jahrhunderts bis zum TV-Bild unserer Zeit, die *Präsenz* der Bilder zunehmend deren Inhalt, Botschaft, Nachricht (das Verobjektivierbare, sprachlich-rational Deutbare) überlagert. Die reine Präsenz der Zeichen, beinahe vollständig abgelöst von der Person oder dem Inhalt, den sie repräsentieren, hat in den digitalen Medien eine neuartige Brisanz gewonnen.

Dies alles ist nicht ganz neu: Das vernunftgelenkte und selbstverantwortliche Ich scheint Kulturkritikern seit etwa zwei Jahrhunderten unter der Einwirkung enormer Geschwindigkeiten ebenso wie unter dem Eindruck der Medienbilder zu schwinden. Solche Kulturkritik reicht von Seume, dem literarischen Fußgänger, der selbst dem Tempo einer Pferdekutsche mißtraute, über Heinrich Heine, der in der Eisenbahn den „Tod des Raumes" vermutete, bis Schopenhauer, dem Liebhaber der Langeweile, und Rilke oder Heidegger, George und Trakl, Jaspers und Adorno (feindliche Geschwister, einig im Angesicht der lärmenden und eiligen Moderne!). Das ganze Atrium deutscher Geisteskraft ist ein bewegtes Menetekel gegen die Hast der Apparate und den Schein der Medien.

Die neuen Dimensionen, die mit der medialen Entwicklung bis hin zum „Cyberspace" in die Lebenswelt einzogen, haben selbst die neueren der genannten Denker nicht ahnen können. Dennoch sind Computer und ihre Anwendungen und Vernetzungen mittels Teletechnologie nicht die Begründer, sondern lediglich die *Beschleuniger* der Moderne. Es verhält sich offenbar so, daß die Nutzer der Simulationsmedien, Computeranimationen, Videospiele von den frühen Kinobildern bis zu den gegenwärtigen Telebildern „sozialisiert" und trainiert worden sind. Diesem Training fügen nun Computer und Cyberspace eine neue wirkungsmächtige Dimension hinzu.

Eine „Vermengung" von Betrachter und Bild, Empfänger und Medium, wie sie ja gerade in den digitalen Medien immer weiter vorangetrieben wird, wurde zwar mit vielerlei Tricks (denken wir an die Versuche mit 3D-Filmen in den 50ern, also den Versuch, die Raum-Autonomie des Kinobesuchers aufzuheben) immer wieder angestrebt, war aber mit den alten Bild-Techniken offenkundig nicht herstellbar. In gewisser Weise blieb der Zuschauer, dem Simulacrum, dem Kino und dem Fernsehen – wie der Betrachter vor einem klassischen Bildwerk – gegenübergestellt, jenseits des ästhetisch-medialen Geschehens. Dies alles überstieg den Rahmen einer langen Bildtradition nicht.

Erst mit den medialen Möglichkeiten der digitalen Netze und Computerspiele hat sich das Verhältnis von Empfänger und Medium grundlegend verändert. Sie präsentieren nicht nur eine Realität, sie *sind* eigene Realitäten von besonderer Geltungskraft und ziehen den Spieler oder Nutzer in sich hinein, sie schaffen einen kontingenten Realitätsbestand, der im psychischen und im sozialen Sinn mit der seit der Aufklärung verfügten Trennung zwischen dem autarken Individuum und einer ihm gegenübergestellten Realität bricht.

Die Computer und Kommunikationstechniken fordern von ihrem Benutzer, daß er sich den disparaten und zerstreuenden Formen *überläßt*. Sie fordern eine ganz andere und weitaus radikalere Art von Passivität, als sie das zerstreute Hinschauen vor dem Fernseher darstellt, wenn man so will: eine das Ich bezwingende Hingabe.

Zugleich verlangen sie Reaktionsschnelle, Funktionstüchtigkeit, Konzentration – aber eben Funktionstüchtigkeit und Reaktionsfähigkeit, die ausschließlich auf das Medium gepolt sind und ganz ohne das alte Ich mit seinen Zögerlichkeiten und Bedenklichkeiten auskommen müssen, sozusagen eine bedenkenlose Hingabe, eine zerstreute Konzentration. Anders als in paradoxen Begriffspaaren lassen sich die psychischen und körperlichen Reaktionen etwa eines Computerspieles gar nicht beschreiben (paradox von der Einheitlichkeit und Integrationsleistung des alten Ich aus gesehen).

Die Bewohner der modernen Städte sind auf solche Verhaltens- und Reaktionsweisen insgeheim trainiert. So, wie sie sich unterschiedlichen sozialen Situationen bis zur Selbstaufgabe anpassen mußten, so, wie sie sich damit abgefunden haben, daß sich aus dem unaufhörlichen Wechsel von Verhaltensanweisungen, von Geltung der Tradition und Bruch der Tradition, Geltung der sozialen Ordnung und Bruch der Ordnung keine einheitlichen Lebensvorstellungen und keine schlüssigen Selbstbilder mehr ableiten lassen, so sind sie heute auch bereit, sich den Computerwelten und Kommunikationsmedien nahezu vorbehaltlos zu überantworten. Ich will dies nicht gründlicher thematisieren, aber kurz ansprechen:

Im Berufs- und Alltagsleben ist es überwiegend noch so, daß die großen gesellschaftlichen Institutionen mit ihrer Machtpräsenz in der Lage sind, ihren überständigen, an der Produktion von realen Gütern geschulten

Geltungsbereich (einschließlich ihrer kaum noch funktionalen, aber gefestigten hierarchischen Ordnungen) weiterhin durchzusetzen. Sie bestimmen die Regeln des alltäglichen Lebens und haben nach wie vor die Kraft, sie im Bewußtsein breiter Bevölkerungsgruppen zu verankern. Gleichzeitig aber prägen die neuen telekommunikativen Medien bereits eine gegenläufige psychische und soziale Verfassung aus.

Die modernen Menschen bewegen sich, ganz grob gesprochen, in zwei einander zuwiderlaufenden Lebensordnungen – was in dem einen Segment der Lebensordnung plausibel erscheint und erwünscht ist, wirkt in dem anderen unangemessen. Das markige Auftreten einer mittleren Führungskraft beispielsweise beeindruckt Mitarbeiter während der Arbeitszeit und erscheint, wenn es abends in der Cappucino-Bar fortgesetzt wird, nur noch lächerlich. Tugenden wie Pünktlichkeit, Gehorsamsbereitschaft, Fleiß bis zur Leistungsgrenze werden im Wirtschaftsleben nach wie vor hoch bewertet. Der streunende Single erlebt bei seiner abendlichen Kontaktsuche mit denselben Tugenden eine Pleite nach der anderen. Jedes einzelne dieser hier nur beispielhaft genannten Stichworte wäre eine Untersuchung in der detaillierten und konkret-analytischen Art wert, wie sie Georg Simmel Anfang dieses Jahrhunderts in Berlin vorgenommen hat. Der faszinierendste Punkt wäre dabei zweifellos die Ungleichzeitigkeit von Verhaltensmodellen und -normen, denen ein Individuum ausgesetzt ist. Während dieses Manuskript geschrieben wird, geht in Berlin die Love-Parade zu Ende. Es ist ein Ereignis, das Jahr um Jahr explosiv wächst. 1,5 Millionen junge Leute waren es in diesem Jahr, die sich rund um Brandenburger Tor, Tiergarten und Kurfürstendamm bis weit in den Osten der Stadt hinein zu ekstatischen Technoklängen bewegten, sich einem abrupten exzessiven Körperrausch in einem Karneval der neuen Technologien überließen. Am darauffolgenden Montag saßen sie wieder an den Arbeitsplätzen in Verwaltungen, Büros und Betrieben mit ihrer stummen Norm. Gewiß, den Karneval hat es schon immer gegeben. Die Kräfte, die sich in drei oder vier Tagen des Karnevals austoben dürfen, sind vermutlich dieselben, die sich auch in der Love-Parade Ausdruck verschaffen. Der Unterschied besteht darin, daß dieselben Erlebnis- und Kommunikationsstrukturen, die im traditionellen Karneval auf einen knappen Zeitraum von drei oder vier Tagen beschränkt bleiben, heute in der Freizeit all-präsent sind. Sie können in den Computerspielen, in den Internet-Kontakten oder den Techno-Nächten jederzeit wieder herbeigerufen werden. Und sie bestimmen das Freizeitverhalten durchgehend.

Insofern kann bei diesen Massenparties nicht mehr die Rede von einem abrupten Ausbruch gezügelter und unterdrückter Triebenergien sein, die bekanntlich die soziale Kontrolle und die soziale Gesamtorganisation eher bestätigen, als daß sie in der Lage wären, sie in

Frage zu stellen. Inzwischen hat sich ein ganz anders gelagerter, unsichtbarer Prozeß etabliert und weitet sich tagtäglich aus. Man mag das daran ablesen, daß im privaten Konsumbereich die Ausgaben für multimediale Gerätschaften die für das Auto übertroffen haben. Die Fixpunkte der individuellen Selbstdarstellung und Selbstaufwertung verschieben sich. Es gibt keinen vergleichbaren Fortschrittsmarkt.

Disparate Wirklichkeiten mit den dazugehörigen psychischen Verfassungen, die nicht in eine seelische Beständigkeit integriert werden können, soziale Szenarien, die ihrer Verfassung nach kaum miteinander kooperieren, dazu eine Kluft zwischen öffentlichen Anforderungen und persönlichen Befindlichkeiten, die im unbestimmten Rahmen der modernen gesellschaftlichen Kultur immer weiter auseinandertreiben und dabei zweifellos ein erhebliches psychisches Risiko für die Individuen darstellen, sie erzeugen einen desorientierenden Spannungszustand, der sich in Zeiten zusätzlicher kollektiver Belastungsproben – etwa in wirtschaftlichen Krisenzeiten – unberechenbar auswirken kann.

Wenige Stichworte mögen ausreichen, um aufzuzeigen, wie die Veränderungen, die die Aneignung von Wirklichkeit durch Symbole und Kommunikationen im Internet erfährt, mit modernen Lebenswelten in Übereinstimmung sind:

• Die Kommunikationsstrukturen im Netz sind äußerst unbeständig und für ihre Teilnehmer wenig verläßlich. Sie lassen sich im Sinn rationaler Verständigung nur begrenzt anwenden.

• Die Unverläßlichkeit wird durch die Unbeständigkeit der Zeichen im Übertragungsraum vermehrt. Digitale Signale sind der Technik nach problemlos in verschiedenartige Erscheinungsformen transformierbar. So können etwa alphabetische Zeichen jederzeit in klangliche Elemente, in Farbstrukturen oder Grafiken verändert werden. Farben können als Töne, Töne als Zahlen repräsentiert werden. „Dem Programm ist es gleichgültig, ob es die heruntergeladenen Informationen als Grafik oder Klang ausgibt", schreibt G. Pappert, der am MIT an der Entwicklung des Internet beteiligt war. Diese Entwicklung steht noch ganz am Anfang und spielt gegenwärtig in den massenhaften Kommunikationsformen des Internet noch kaum eine Rolle. Das ändert aber nichts daran, daß die technischen Grundlagen zur Verfügung stehen und nach aller Erfahrung früher oder später auch genutzt werden. Schon jetzt ist zu beobachten, daß das Internet seine Textstruktur aufgibt zugunsten einer Art „Cyberspace" der klanglichen und grafischen Botschaften.

• Dabei wird schrittweise die „lineare alphabetische Reihe" (Flusser), die beständige Schrift, als vorherrschende Kommunikationsweise im Internet abgelöst. Folge ist eine Einbuße, zumindest eine verminderte Verbindlichkeit, jener Denkformen und Ausdrucksweisen, die mit einer Schrifttradition von dreieinhalbtausend Jahren verbunden sind. Beispielhaft sind für diese Tradition die hierarchische Ordnung der Argumentation, ebenso die Tatsache, daß nur solche Darstellungsweisen als plausibel empfunden werden, in denen jeweils ein Gedanke aus einem anderen, eine Beobachtung sorgfältig aus einer anderen folgt, die erst in ihrer Ganzheit eine erkennbare Struktur bilden.

„Gleichzeitigkeit" verschiedener Darstellungen von Gedanken oder Emotionen erscheint unserem am Schriftverlauf orientierten Denken und Wahrnehmen als konfus. In den digitalen Kommunikationsmedien *sind* verschiedene Informationsebenen und Kontakte immer gleichzeitig präsent. Zugleich kann sich der Nutzer in unterschiedlichen Zusammenhängen in unterschiedlicher Weise darstellen. Diese Auflösung eines linearen und hierarchischen Denkens und Wahrnehmens hin zu einer Verdichtung des Ausdrucks von neuartiger ästhetischer Komplexität wird durch die genannte Besonderheit, die Transformierbarkeit der Daten, dramatisch intensiviert.

Dies alles ist dem Stand der Technik und mittlerweile auch einer schwer greifbaren, aber sich ausbreitenden ästhetisierenden Kommunikationsweise nach schon jetzt im Internet weitaus geläufiger, als es in der wissenschaftlichen Diskussion, die nach den Regeln und Argumentationsgewohnheiten der „Schrift" geführt wird, deutlich werden könnte.

• Wir sind an einem Modus der Schriftzeichen orientiert, die auf Papier oder anderem beständigen Material

aufgetragen und in geschlossener Textbedeutung über-
zeitlich empfunden werden (das Wort, sie solln es lassen stehn, sang Luther). Noch beim Schreiben eines
Briefes an einen Vertrauten macht sich diese Bedeu-
tungsschwere – im Unterschied zu den Schriftzeichen
im Netz – bemerkbar.

Wieviel sorgfältiger setze ich die Worte, überprüfe die
Aussagen, versenke mich in die Bilder und Vergleiche,
die ich auswähle, wenn mir das Geschriebene gleichsam
in einer eigenständigen/eigenwilligen Gestalt wie etwas
Geschlossenes (wie ein Werk) wieder entgegentritt. Ich
spiegele mich, mein Lebensgefühl und meine Ausdrucks-
fähigkeit in gewissem Maße in jedem Brief, den ich
abschicke, in jeder Zeile, die ich zu Papier bringe. Schrift
ist *Gestalt*, meine eigene Schriftform gibt mir Auskunft
über meine innere und äußere Gestaltungsfähigkeit.

Dies alles ist in den elektronischen Kommunikationsmedien offenkundig anders. Sie sind aktuell,
bewegen sich auf der schnellen Strecke zwischen
Absender und Empfänger und verlöschen dann oder
werden vergessen. Die Antwort kann beinahe zeitgleich
mit der Botschaft erteilt werden. Der telekommunikati-
ve Austausch hat etwas von einem Gespräch, auch von
der Flüchtigkeit und Eile eines Gespräches. Aber selbst
von oberflächlichen Gesprächen bleibt immerhin die
Erinnerung an die körperliche Begegnung, die Wahrnehmung des Gesichtsausdrucks, die Rituale von Be-
grüßung und Abschied. Die Internet-Kommunikationen

hinterlassen keine markante Erinnerungsspur. Sie sind nicht mehr als ein Aufscheinen von Zeichen. Diese Zeichen wiederum gehen ungeschützt in vielfältige Möglichkeiten von Verwendungen im globalen Netz ein. Zwischen Absender und Empfänger besteht nicht notwendig – nicht einmal vorwiegend – ein beschreibbarer Kontext, auf den hin mein Schreiben entworfen und in dem es aufgenommen wird.

• In gewissem Sinn sind diese Kommunikationsweisen in ein Paradox eingebunden: einerseits ganz und gar auf das Wahrgenommen-, das Empfangen-Werden angewiesen, weil sie nicht für sich selber existieren können (wie etwa ein Brief für sich selber existiert), und gleichzeitig in ihrer „Begegnungs-Struktur" zwischen Sender und Empfänger abstrakter, irrealer und unbeständiger als jede andere Kommunikationsweise. *To be is to be connected*, heißt ein umlaufender Satz am MIT. Aber dieses erst durch Konnektionen zum Leben erwachende „Sein" ist zahllosen Unverläßlichkeiten ausgesetzt. Ich sende aus und empfange in einem elektromagnetischen Feld, in dem meine Präsenz vor dem Bildschirm nicht, oder jedenfalls nicht vollständig, re-präsentiert ist, ich weiß von der Präsenz desjenigen, dessen Botschaft ich erhalte, nur, was im aktuellen Augenblick des kommunikativen Austausches gilt. Dauer und Geltung sind ineinander verschmolzen, es gibt keine Authentizität jenseits dieser momentanen Re-präsenz.

Das Selbst vor dem Monitor schrumpft zur Bedeu-
tungslosigkeit, keine Verbindungslinie reicht vom kommunikativen Austausch im Netz zurück zum kommunizierenden Teilnehmer.

(Daraus ergeben sich jene Verführungen, von denen
vorhin die Rede war: Nichts hindert, im Netz neue Identitäten, neue soziale Zugehörigkeiten, andere Interessen
und manchmal ein anderes Geschlecht zu erfinden. Meine
Fiktionen werden unmittelbar ausgesendet und unmittelbar beantwortet. So entsteht eine extrem ungeschützte,
aber gleichzeitig „dichte" Kommunikationssituation.

In solchem Moment bin ich, was ich nicht bin – aber
vielleicht sein möchte, vielleicht bin ich auch nur ein
einfallsreicher Darsteller meiner Wünsche oder meiner
gegenwärtigen zufälligen Befindlichkeit, vielleicht ist
mein Selbst im Netz eine Art verrücktes Spiel. So, wie
ich mich in diesem Moment „aussende", werde ich in
diesem Moment empfangen, die Aktualität erzeugt in
der offenen Form des Netzes eine besondere Verdichtung *und* Schein-Authentizität).

• Aktualität und „Gleichzeitigkeit" über große Entfernungen hinweg gab es zum erstenmal im Fernsehen:
Ereignis und Sendung geschehen bei Live-Übertragun-
gen zum gleichen Zeitpunkt, aber an weit auseinander-
liegenden Orten. Gleichwohl ist es so, daß in der Live-
Übertragung das, was an dem aktuellen Ort geschieht
(die Präsenz), in einer angemessenen Weise in meinem
Wohnzimmer dargestellt (repräsentiert) wird. Die

Gleichzeitigkeit, die das elektronische Medium Fernsehen herstellt, ist bereits ein geheimnisvoller Vorgang. Er hat auch empfindlichere Gemüter immer wieder bewegt. Aber die soziale und kommunikative Ordnung, zu der eine gewisse Authentizität des Ereignisses gehört, ist dadurch nicht verletzt. Dies ist im Netz anders. Hier bedeutet Gleichzeitigkeit, daß sich die „Repräsentation" in einem gewissen Sinn von der Präsenz losreißt. Weder ein authentisches Selbst noch eine Kontinuität der Kommunikation lassen sich zuverlässig darstellen.

Der aktuelle Mitteilungsmodus, den das Fernsehen entwickelt hat, wird in den direkten Kontakten der Netze „interaktiv" perfektioniert und zugleich über eine bisher als unantastbar geltende Grenze getrieben. Das, was dargestellt wird oder sich mitteilt, tritt nun hinter die Darstellung zurück. Es macht immer weniger Sinn, über personale oder sachliche „Inhalte" zu reden, sie sind nirgendwo so unsicher wie in der digitalen Kommunikation.

Die „Repräsentation" kann, wie eben gezeigt, jederzeit verändert werden. Die unermüdliche Suche nach perfekter Darstellung bei gleichzeitiger Vernachlässigung der Inhalte wird dadurch extrem begünstigt.

Zusammengefaßt: Insgesamt scheint eine neue, eigenwillige, hintergrundlose Form von Komplexität im Netz zu entstehen. Mit den uns vertrauten Kategorien, etwa den Kommunikationstheorien oder den Anthropologien, kommen wir diesen neuartigen Vorgängen nicht auf die

Spur. Die Kommunikationen im Netz sind auf keine ihnen zugrundeliegenden Situationen, Lebensgeschichten, Kontexte hin zu entschlüsseln. Sie sind, was sie im Moment sind, und nichts darüber hinaus. *Es gibt keine Differenz von Moment und Dauer, von Aktualität und Geltung. So erhalten die verschiedenartigen Repräsentationsformen mit ihrer klanglich-grafischen Vielfalt eine Gegenwärtigkeit eigenen Anspruchs.*

Sollte die Vermutung zutreffen, daß die Verdichtung der Kontakte durch die transformative und ästhetische Kraft der Zeichen die Bedeutung und die Verläßlichkeit der kommunikativen Zusammenhänge mindert, dann wird die Frage unausweichlich, wieweit und ob überhaupt *soziale Kontexte und Bedingungen in diesem Kommunikationsmedium zur Geltung gebracht werden können.*

Insgesamt entstehen neue Formen der Abstraktion, die sich den herkömmlichen begrifflichen Ordnungen nicht fügen. Diese neuen komplexen Verständigungsformen werden aber mit unseren Alltagsordnungen „kontextualisiert" werden müssen. Das Band des Sozialen ist in den digitalen Netzen zu locker gefügt, als daß es aus sich selber beständig sein könnte. Man kann also davon ausgehen, daß sich die Faszination der Datenwelten entweder schnell erschöpft oder in eine bestimmte (Zu-)Ordnung mit der realen Welt bringen läßt. Dies kann aber wohl nur eine Ordnung sein, die einem kausal verengten Verstehen zuwiderläuft.

10. **Von Spielen, Träumen und Nixen.** Die Nixe gleitet durch das Wasser, ein Licht umhüllt sie oder strömt von ihr aus. Das Wasser ist dunkel, es hat eine besondere Intensität des Blau, das es in der Realität nicht gibt. Es ist, als habe der unzufriedene Zwerg aus Ilse Aichingers Hörszenen „*An jenem Morgen*" sich auf eine neue Farbe versteift, diesmal nicht ein „besonderes" Grün, sondern ein „besonderes" Blau, ein anderes Blau. Anders als die Farbe des Himmels und noch einmal anders als die des Ozeans, anders als die schwärzlich blaue Färbung, die der Ozean annimmt, wenn man ihn zu bestimmten Stunden vom Strand aus betrachtet und dabei den Blick lang genug auf den Rand des Horizonts fixiert. Diesmal ist es ein geheimnisvoll verdüstertes Grau, in das die Bläue des Wassers nur ahnungsvoll hineinspielt.

Eine besondere Farbe, die die Aichinger in ihren Hörspielen nur akustisch beschwören konnte, weil sie real nicht existierte – jedenfalls damals, in den 50er und den frühen 60er Jahren nicht, als sie und Günter Eich ihre poetischen Puppen- und Maskenspiele für das Radio erfanden. Heute allerdings stehen den Programmierern zahllose Farbschattierungen zur Verfügung, da werden bestimmt auch solche darunter sein, die es früher nur akustisch gab.

Sie bewegt sich schnell und rhythmisch, die Nixe, die zwei Brüste zeigt, aber trotzdem geschlechtslos und asexuell wirkt, wie eigentlich alles in den computeranimierten Bildern seltsam unerotisch erscheint. Ein tatsächlicher weiblicher Körper leuchtet nicht so durchscheinend aus sich selbst heraus. Was sexuelle Lust erzeugen will, muß Objekt sein. Diese animierten Figuren hingegen sind wirklich nur „animas", Geister, Zitate, sie sind aus anderen Welten entliehen, literarischen zumeist, aus den alten Sagen- und Märchenbüchern, aus Mythen genommen und bunt durcheinandergewürfelt, ohne Bezug und ohne Geschichte, einfach herbeizitiert und aneinandergereiht, Figuren ohne Hintergrund. Solche Geistgestalten sind perfekt, ästhetisch und schön, verführerisch sogar – aber niemals sexuell.

Ich bin die Nixe, ich, der Spieler, ich lenke sie durch die Bläue hindurch, schwebe mit ihr im Wasser, das kein Wasser ist. Schon deshalb darf dieser vermutlich weibliche Körper auf mich keine Verführung ausüben. Er würde meine Konzentration beeinträchtigen, mein Reaktionsvermögen verringern, und nur dies, sonst nichts, ist jetzt gefordert, dringend gefordert sogar, denn was die dunkle Trübung der Wasserfarbe schon ahnen ließ, tritt nun ein: *action*, es wurde auch höchste Zeit.

Der Reiz dieser künstlichen Bilder erschöpft sich so rasch, wie sich der Reiz mancher Performances allzu routinierter Popstars verbraucht, die sich auf ihr Lichtdesign und ihre ausgetüftelten Klänge verlassen und dabei nur eine merkwürdige, überwältigende Langeweile verbreiten; Aktion muß also her, und sie tritt ein. Und zwar in Gestalt eines schlangenähnlichen Ungeheuers! Ich merke schon, daß es gierig nach der Nixe und mir ausgreift, aber einfach zurückschlagen nützt wenig, zu viele Fangarme recken sich, ein Gewulst von Armen oder Schlangen, ich darf mich nicht einschüchtern lassen, und das tue ich auch nicht, ich besorge mir aus dem Menü Waffen; ein Dreizack erscheint mir angemessen, Neptuns blutige Götterwaffe! – sie zielt genau und direkt ins Auge des Zyklopen oder wie sonst ich dieses Wesen, das keinen Namen hat, benennen mag, aber sein Name ist egal, es schwindet ja schon, die Arme versacken in der blauen Tiefe, nirgendwohin, und ich und die Nixe gleiten, schweben oder fliegen weiter, wir nehmen es nicht so genau, das Gefühl ist jedenfalls dem des Fliegens ähnlich, wir gleiten horizontal und vertikal durch eine grenzenlos scheinende Unterwelt, die nun aber, abrupt, eine Struktur annimmt: Kanäle, tiefe Schächte, fünf oder sechs von ihnen statt der schönen dunklen Unendlichkeit. In einen dieser Schächte müssen wir hinein, aber nur in einen, einen bestimmten, das spüre ich schon, aber sie rasen auf uns zu oder wir auf sie, das läßt sich nicht entscheiden, zum Nachdenken bleibt keine Zeit, es zieht uns, saugt uns auf, wahrscheinlich sind wir verloren bei diesem Stürzen in einen Schacht, der wo liegt? – am Grund des Ozeans? – oder irgendwo, wo ich mich und die Nixe nie vermuten würde? Die Perspektiven wechseln, taumeln durcheinander, ohne feste Perspektive gibt es keinen Raum, das habe ich schon immer gewußt, jetzt sehe ich es, empfinde es, und je länger das Taumeln dauert, desto ungenauer wird das Gefühl von Anfang und Ende, aber es muß doch alles einen Anfang und ein Ende haben ...!?

Und so ist es auch, wir haben den falschen Schacht, die falsche Röhre erwischt, wir beide, ein Ende zeichnet sich jetzt ab, aber es ist ein grausames. Eine Wand aus Stein zeigt sich statt eines Ausganges und rast auf uns zu, da gibt es kein Entkommen, umkehren können wir nicht, wir sind ja viel zu schnell: Wir werden auf die Wand zugetrieben oder von einer geheimnisvollen Macht angesogen. Es gibt nur diese Wand als Orientierungspunkt, aber ich muß ja bedenken, daß ich alle Perspektiven und damit alle Wahrscheinlichkeiten eingebüßt habe, also heißt es, jenseits von Perspektiven zu denken, und genau das tue ich und rette damit tatsächlich unser Kunstleben – es wäre auch schade um uns gewesen, um meine Nixe, um mich und auch um dieses Blau, das ich inzwischen wirklich mag. Denn ich bin der Mauer am Ende des Schachtes gerade noch rechtzeitig ausgewichen, über die Perspektive 'rübergesprungen, plötzlich eröffnete sich ein unmögliches Rechts und Links, und genau in diese Unmöglichkeit sind wir hineingeglitten und dem Aufprall ausgewichen.

Ich spüre nun ein tiefes Gefühl von Befriedigung: daß ich das geahnt, gefühlt habe, es gibt eben immer einen Ausweg, ich wußte es doch. Aber sie hält nicht lange an, meine Selbstzufriedenheit, denn nun befinde ich mich in einem Hof, der einem Gefängnishof ähnelt, nur Mauern ringsum und die Nixe und ich in der Mitte, und von unten steigt das blaue Wasser an, wird wieder trüber und vergraut, das bedeutet Unheil, rasch steigt es an – und wie nun weiter?

Ich beziehungsweise die Nixe wäre glatt ertrunken –
falls Nixen ertrinken, ich kenne mich nicht so aus –, wenn
uns nicht zwei Helfer zur Seite gestanden hätten. Unsere
Helfer waren zehn und dreizehn Jahre alt und hatten aus
diesem Grund einen entscheidenden Vorsprung, sie erla-
gen nicht der Verführung, alles und jedes vorauszusehen
und vernünftig lösen zu wollen, jedenfalls weit weniger
als ich. Ein Hof mit vier Mauern, steigendes Wasser, da
gibt es nur eine Möglichkeit, hatte ich gedacht: Ich lasse
mich, wie der strampelnde Frosch im Butterfaß, einfach
von den Wellen über die Mauer hinaustragen, ich lerne
das Passiv-Sein, das Getragen-Werden, was mir eigentlich ganz leicht fallen sollte, nachdem ich schon begriff-
en hatte, daß man auch unter Wasser fliegen darf, wenn
man über einen Nixenkörper verfügt, und wie schön dieses erhebende Gleiten ist. Aber zu kurz gedacht, solche
Strategien sind in ordentlichen Computerspielen nicht
vorgesehen, ich wäre aus diesem Grund, wie gesagt, glatt
ersoffen, wenn mir die beiden einfallsreichen Helfer nicht
zur Seite gestanden hätten.

„Die Mauer", sagten sie, erst der eine, dann der andere, schnell hintereinander, denn es blieb nicht mehr viel
Zeit. „Die Mauer?", ich war wirklich zu dumm, „wieso
denn Mauer?", weil ich natürlich dachte, wo eine Mauer
ist, ist auch ein begrenzter Raum, und den Raum kann
man nicht verlassen.

Das wissen Zehn- und Dreizehnjährige besser. Einfach
drauflos! Und das tat ich, kopfschüttelnd (und dann nicht

mehr kopfschüttelnd, außer vielleicht über meine Borniertheit): Denn eine Mauer war das nicht, was den Raum begrenzte, es gab gar keinen Raum, sondern nur einen Anschein von ihm, und ich (oder wir) rasten auf die Mauer zu, und da schwand sie, löste sich auf, wie eine Fata Morgana unter Wasser, ein Spiegelbild, in das ich hineinschwamm, ich, die Nixe, nur, daß dieser Spiegel kein Bild reflektierte, sondern nur Bläue, sonst nichts, als sei ich ein Vampir oder ein Gespenst, ein Geistwesen, und das bin ich ja auch. Was soll ein Spiegel schon spiegeln, wenn man nicht aus Fleisch und Blut ist? Er ist ja auch nicht aus Glas, und so gleite ich in ihn hinein.

Was tut man *in* einem Spiegel? Fliegen vielleicht? Ich muß aber wirklich besser aufpassen und aufhören, mich ständig zu wundern. Was dieser Spiegel in seinem Inneren aufzubieten hat, das ist nämlich allerhand, eine ganze Armee, martialische Geisterwesen, lauter Masken, die schweben, nur einer von ihnen, der Dunkle, Schwarze, Glänzende in der Mitte, der ausschaut wie Darth Vader in Star War (vielleicht ist er's), Luke Skywalkers verfluchter Vater, steht fest und stabil auf dem Boden. Er ist wohl die Mitte, das Zentrum der Geister- und Maskenarmee. Ich muß also das Zentrum treffen, denke ich, und hole aus dem Menü eine Laserkanone und eine stattliche Rüstung für meine lieblich-asexuelle Nixe. Und sie verwandelt sich abrupt in eine tödliche Maschine:

Sie schießt, sie trifft – was mir zehn- und dreizehnjährige Anerkennung von beiden Seiten einträgt. Die

Maske stürzt, das Böse, denn um nichts anderes handelt
es sich, wie jeder Kenner der Star-War-Trilogie weiß,
liegt darnieder, „und wenn die Welt voll Teufel wär",
brummel ich in stillem Stolz, „es muß uns doch gelingen …", aber diese jungen Programmierer halten sich
an nichts, nicht einmal an die alten lutheranischen
Kirchenlieder, die für ihre Spielprogramme so viele
Motive hergäben … jedenfalls ist die Welt immer noch
voll Teufel, mit dem Vernichten des schwarzen Bösen
im Zentrum habe ich nichts erreicht (es gibt kein
Zentrum!), die Teufel und Masken sind zuviel, das ist ja
wie im richtigen Leben, da kann ich um mich knallen,
lasermäßig, wie ich will, die Übermacht des Bösen
bleibt und überdauert, was wird denn nun?

In früheren Zeiten, das weiß ich genau, hätt' ich
gekämpft bis zum Umfallen, wie der treue Roland, um
nur ein Beispiel zu nennen, aber mit Ausdauer und Mut
ist hier wenig auszurichten. Militärisches wird in der
Computerspielwelt als Effekt genossen, hat sonst aber
keine Relevanz.

„Die Zeitebene", sagen meine Helfer rechts und links.
„Was?" – „Aus der Zeit raus, du mußt da raus", sagt der
ältere, der geduldigere, und weil ich ja doch nichts
kapiere, nimmt er mir, denn es ist allerhöchste „Zeit",
die Maus aus der Hand, bedient die Tastatur und lenkt
meine Nixe – wohin? In eine andere Zeitschiene, sagen
wir mal tausend Jahre früher. „Mein lieber Mann", sagt
er, „das war knapp."

Die Nixe, bemerke ich leicht verstört, hält ihre Laserkanone immer noch tapfer in der Hand. „Na also", sagt der Helfer, der kleinere diesmal (hier weiß jeder Bescheid, außer mir), und dann habe ich es auch begriffen: Vor tausend Jahren gab es ein paar Speere und sonstiges harmloses Zeug, da ist eine Laserkanone, eine einzige, mehr wert als hundert Mann, die werden sich jetzt aber wundern und eines Besseren belehrt werden … doch bevor sich die schöne Bläue in ein drastisches Blutrot verfärbt – eine von Millionen Farbschattierungen –, stoppe ich das Spiel: Mehr will ich nicht sehen, ich habe für heute genug gelernt.

Was habe ich erlebt? Grenzenlose Weite, die Glätte der Dinge, in der jede Perspektive verlorenging, und mit ihr auch das, was uns sonst so selbstsicher durch den Alltag führt: die ständige Synthese, das Zusammenführen der Dinge und Erlebnisse. Wir erleben in unserer realen Welt immer nur Zusammenhänge, selbst Disparates wird in einen Wahrnehmungszusammenhang gebunden und erst dadurch verständlich und erlebbar. Unser Ich selber entsteht ja aus der Bündelung, der Synthese von auseinandertreibenden Regungen des Bewußten, Vorbewußten und Unbewußten.

Psychotiker beschreiben, wie ihnen diese Synthese verlorengeht, wie die Dinge sich von ihrem Hintergrund lösen, aus allen Zusammenhängen trennen und als pure Materie, bezugslos und in wechselnder Größe, auf sie zukommen. Sogar die Worte verlieren ihre Bedeutung angesichts dieser Zusammenhanglosigkeit – vielleicht so, wie in dem Kinderspiel, das ich früher gern mit mir selber und mit den alltäglichsten, vertrautesten Dingen – angstvoll, lustvoll – spielte, indem ich mich vor einen Kleiderschrank stellte und „Schrank, Schrank, Schrank" sagte, viele wiederholte Male, bis das Wort nur noch Klang, nur Laut und nicht mehr Bedeutung, war und ich dann den Schrank in seiner Fremdheit, seinem Alleinstehen, seiner Leere im bezugslosen Raum wahrnahm, ja in mich aufnahm und mich danach sofort erschrocken in die gedeutete Welt zurückflüchtete. Auch in Sartres „Ekel" ist von dem verlorenen Bezug aller Dinge die Rede. Sie wirken in ihrem puren Existieren auf die erschrockenen Sinne ein und lösen mit dieser funktionslosen Stofflichkeit und übergroßen Nähe die Abwehr aller körperlichen und geistigen Sinne – „Ekel" eben – aus …

In der realen Welt ist es so, daß sich an jedes Ding, jede Gestalt, jede Farbe und jedes Ereignis ein Gefühl bindet, oft ein flüchtiges, aber in jedem Fall eines, das bewußtes oder unbewußtes Erinnern auslöst, das – in der Sprache der Psychoanalyse – an eine frühere Triebbindung rührt, ansonsten wären die Dinge der Welt für uns nur unverständlich und unheimlich und sonst nichts. Selbst im Traum gibt es Erinnerung, in der sich die Affekte bündeln und ordnen. Hier im Computerspiel laufen sie gewissermaßen ins Leere. Diese besondere, schwebende Gespanntheit von einem Gefahrenmoment zum nächsten richtet sich, da sie sich auf einzelne Dinge nicht richten kann, auf das System als Ganzes, auf das Spiel und seine Mechanik, seine Geschwindigkeit, seine künstlichen Farbwirkungen und -schattierungen.

Der Spieler darf sich auf Raum und Zeit und auf Inhalte, die auf die eine oder andere Weise mit realen Erfahrungen korrespondieren, nicht einlassen. Wer beispielsweise Grenzen von Mauern, Höfen oder anderen Räumlichkeiten akzeptiert oder die gewohnte Zeitlinearität für unaufhebbar hält, stürzt ab oder stirbt, wer nur für Sekunden einem der auftauchenden Objekte einen eigenen Realitätscharakter zubilligt, ist schon verloren.

Die Dinge im Monitor haben ihr eigenes Leben, das mit meinem Leben und meinen Erfahrungen und meinen Erinnerungen, Affekten, Bindungen nichts zu schaffen hat. Sie sind ganz „anders", fremd und erneuern sich aus sich selber – Objekte ohne Prädikate –, und weil das so ist, verliert der Spieler im Gleiten durch diese affektlosen Räume und Dinge immer weiter den Bezug zu sich selber. Er ist an eine auf paradoxe Weise bildlose Welt voller Farben, Linien, Gestalten, aber ohne Sinn gebunden. Je länger ich spiele, desto mehr verliert sich jeglicher Sinnbezug, *und um so gekonnter pariere ich die Gefahren, die auf mich warten.*

Was hier geschieht, ist das Gegenstück des Vorgangs beim Betrachten eines Bildes, in das ich ja mich selber und meine innersten, ungewußten Erfahrungen einfließen lasse und das betrachtete Bild mit ihnen belebe, durch sie interpretiere und für Momente der Versenkung eine Einheit zwischen Interpretation und Selbsterfahrung herstelle. Das Computerspiel duldet nicht eine einzige solche Verhaltensweise, sondern löscht sie aus. Ungeordnet stürzen die Bilder in ein immer schutzloser, weil in seinen Körpergrenzen und -erfahrungen unsicher gewordenes Ich hinein. Je weiter dieses Ich sich aus seinen Realitätserfahrungen, aus Vernunft und Überlegung herauslöst, desto geschickter reagiert es auf die Glätte dieser Bilder ohne Materie.

Auf diese Weise neutralisieren solche Bildwelten jede Distanz, sind ganz nah und ganz fern zugleich, nicht zuletzt deshalb ist in ihnen „alles möglich". „Alles ist möglich …", lautet auch die Grundformel, die der in Paris lebende Psychoanalytiker Bela Grunberger für den narzißtischen Charakter geprägt hat, darauf kommen wir noch zurück.

Was nah und was fern ist, ist tief eingesenkt in die ersten Körpererfahrungen. „Nah" ist das Versorgende, das Befriedigende, an dem die Haut sich reibt und wärmt, „nah" sind das Freudige und Bestätigende: Dies ist der Grund, daß Kinder ihre ersten Spiele als „Da"- und „Fort"-Spiele entwickeln, in denen sie vor allem anderen die Tatsache verarbeiten, daß es auch einen Gegensatz zu nah und befriedigend geben kann: das Abwesende, das Schwinden der Wärme, das Verlassen der Körpernähe.

„Fort" ist das „ganz andere", wie es Freud in seinem bekannten Beispiel eines eineinhalbjährigen Knaben dargestellt hat, „fort" ist das unerträgliche Nicht-da-Sein dessen, was nach ursprünglichem Empfinden „Ich selbst" war, „fort" heißt: Es gibt das andere, es existiert getrennt von mir, mein Gegenüber, das mich beeinflußt, von dem ich abhänge, gegen das ich kämpfe: „Fort" ist das Unglück und „da" die Versöhnung. Aus dem Wechselspiel von beidem entsteht die erste Spielerfahrung, in der ein Kind sich die Möglichkeit des Realen als Nicht-ich-Sein, die mögliche Abwesenheit von Dingen und Menschen, mühsam vertraut macht.

„Da-da" lautet das lallende, beschwörende Kleinkind-Wort, das zuallererst das „fort" überwinden, das plötzlich Abwesende herbeirufen oder herbeizaubern soll ...

„Fort" und „da" also sind Bezugspole, aus denen sich die Anfänge des Raumgefühls entwickeln und mit ihm das Selbstgefühl und die Selbstgewißheit des Körpers als im Raum befindlich hervorgehen. Genau diese in unserer Entwicklung so zentralen Bezugspole werden in den Computeranimationen und -spielen durch deren eigenartige Vermengung von nah und fern aufgehoben, genauer gesagt: Sie existieren gleichzeitig.

Diese Aufhebung elementarer Gegensätze in einem Wirbel von Gleichzeitigkeit ist es, was die Soggewalt der Spielräume entfaltet, in denen einem schwindlig wird, wenn man sich auf sie einläßt, und ebenso schwindlig, wenn man sich ihnen gegenüberstellen und sie beherrschen will.

Diese Spiele, wie wir sie zu beschreiben versuchen, haben eigentlich, wie die Träume, keinen Anfang und kein Ende, sie bestehen immer nur aus einer Station und noch einer und einer weiteren – lauter Übergänge, die sich wie Spiralen ineinanderdrehen, immer schneller, immer heftiger, aber nicht endend.

Deshalb spielen Rivalität, Leistungsvergleich, Konkurrenz bei den meisten Computerspielen nur eine untergeordnete Rolle. Denn was ein kindliches (oder erwachsenes) Ich in seiner Leistungsfähigkeit bestätigen wollte, müßte ja zu Ende gebracht werden. Irgendwann muß man „fertig werden". Die Arbeit ist getan! Es ist geschafft! Ein autonomes Ich hat eine Aufgabe bewältigt! Diese Spiele aber unterlaufen ja, wie ich zu zeigen versuchte, die Autonomie des Ich, sie korrespondieren mit ganz anderen Seelenanteilen. Und so sind denn auch jene Spiele, die unter den Spielern einen Kultstatus erreichen, die heimlich getauscht und weitergegeben werden (also beispielsweise nicht in pädagogisch ordentlich betreuten Jugendzentren oder Bibliotheken angeboten werden, dort werden die Ersatzspiele bedient), gar nicht zu Ende zu bringen. Ich denke an Spiele wie *Mortal Kombat*, an die *Power Streetfighter*, an *Doom*. *Mortal Kombat* endet ebenso in einem tödlichen Desaster wie *Doom*, der spielende Held hat zum Schluß nur noch die traurige Möglichkeit, aus einem Menü von Tötungsarten die für sich „geeignete" – soll heißen: die verrückteste, wildeste, blutigste – Variante auszusuchen und dahinzusterben. In den *Power Streetfightern* kämpft der Held, nachdem er Legionen von Feinden erlegt hat, zuletzt gegen sich selbst. Wer ist Sieger und wer Verlierer? Nein, es gibt in den Landschaften der Kultspiele keinen Sieg und keine Niederlage. Leistungsvergleiche, die die Rivalität anstacheln, sind im Verhältnis zu dem universalen Desaster, mit dem etwa „Doom" zu Ende geht, nur langweilig und betulich.

Kultspiele enden nicht mit einem Sieg, sondern mit dem „totalen" Untergang: dem Tod des Helden, dem Erlöschen aller Codes, der letzten Zirkulation eines Zeichens um seine Präsenz, bevor die Signale versickern und danach gleich wieder aufleuchten.

Wie viele Leben habe ich und wie viele Tode? Unzählige natürlich, denn es gibt keine Zeit in einer referenzlosen Welt, nur Unendlichkeit.

Wer dies versteht, hat die Kinder (und nicht nur die Kinder) verstanden, die sich unruhig und gebannt vor den oft dürftigen Play-Stations oder Video-Leinwänden im Kaufhaus versammeln oder stundenlang in ihrem Gameboy versinken und spielen und nicht wieder aufhören wollen. Wer hingegen in diesen Spielen nach Realitätsbezug, nach der „ersten" Realität, die im Spiel symbolisch verarbeitet werde, sucht, verbaut sich den Zugang zur Eigenwilligkeit dieser imaginären Spielwelt.

Wir sprechen von Transformationen einer Eindruckswelt in eine andere, die aber niemals zurück in eine Ausgangsrealität führt (deshalb ohne Anfang und ohne Ende ist), wir sprechen von dem endgültigen Triumph und dem gleichzeitigen Untergang einer Wissenschaft, die von der Manipulation der Dingwelt, der Mechanik, der Schaffung einer zweiten Natur, ihren Ausgang nahm und heute in der Beginn- und Endlosigkeit der Simulation ihrer selbst festgehalten ist.

11. **Ergänzungen. Bildmaschine und Psyche.** Vielleicht liegt die Eindrucksgewalt der Computeranimationen auch darin begründet, daß eine Maschine meine Psyche wie eine Maschine behandelt. Dieser besondere suggestive Taumel, der mich im Spiel ergreift, entsteht ja unter anderem dadurch, daß die Bildmaschine, in die ich hineinwandere, von mir nur festgelegte Reaktionen abfordert. Sie kümmert sich keinen Deut darum, ob diese Reaktionen für mich, meine Befindlichkeit, meine Lebensgeschichte oder -umstände einen Sinn ergeben oder nicht. Sie ist gleichgültig.

Wenn ich ihr die Reflexe, die sie abfordert, nicht oder nicht schnell genug oder auf verfehlte Art zur Verfügung stelle, bestraft sie mich mit Bilderentzug. Dieser Entzug besteht darin, daß ich in die nächsten Räume, die nächste Ebene der Bilder, nicht vordringen darf, daß ich also, wohlwissend, daß noch eine Fülle verlockender, überraschender und völlig unvorhersehbarer Bildsequenzen und Bildräume auf mich wartet, von ihnen ausgesperrt bleibe – daß ich mittels der Maschine von meiner eigenen Begehrlichkeit, die sich auf diese potentiellen Bilder, Räume, Lichter und Bewegungen richtet, abgetrennt werde. Die Verfügungsgewalt über dies alles liegt nicht bei mir, sie liegt bei der Maschine.

Einerseits ruft die Bildmaschine in mir eine Fülle von Intensitäten, Faszinationen und Verführungen hervor, die allesamt tief in meine Psyche eingreifen. Ein ästhetisch oft überwältigender Eindruck und noch einer und noch einer, eine Hervorbringung maschineller Potenz nach der anderen ... sie alle bewirken etwas in mir, aber sie erscheinen in einer Folge, die für mich völlig sinnleer, unvorhersehbar, nicht integrierbar, kurzum: chaotisch erscheinen muß. Nicht ich und nicht das, was die Bilder in mir wachrufen, bilden die Synthese und die Logik des Fortgangs der Bilder, sondern die Befehle, die die Maschine an mich ausschickt.

Nun mag man einwenden, daß auch im Kino oder im Theater, erst recht bei einem Detektivroman der Reiz des Spiels gerade in seiner Unvorhersehbarkeit liegt, in der nicht voraussagbaren Wendung, die die Handlung nehmen kann, in der Spannung auf den Fortgang der Ereignisse, der Entwicklungen der handelnden Personen, der Veränderungen der Landschaften. Nun, der Unterschied zu Theater, Kino oder Fernsehspiel ist ein einfacher, aber folgenreicher: In allen „alten" Medien bleibe ich als Zuschauer jenseits der Handlung. Tarzan wird auf der Kinoleinwand gefangen, Brandenburgs Feinde sinken auf der Bühne in den Staub ... gleichviel, ich schiebe ein Sinngerüst aus Begriffen, Werten, Bindungen, Haltungen und vielem mehr zwischen das Ereignis und mich. Mein Sinnbestand bleibt unangetastet, ich öffne mich dem Gesehenen oder versperre mich, lasse mich beunruhigen oder bestätigen, wehre erschrocken ab oder nehme zufrieden auf – immer bin ich es, der in die Erlebniswelt des Zusehens eintritt und zugleich neben ihr verharrt und bewertet, reagiert, auswählt. Alle Entscheidungen liegen bei mir, meiner Empfindsamkeit, meiner ästhetischen Wahrnehmungsbereitschaft, meinen Prägungen und Vorlieben und Vorurteilen. Selbst die Katharsis, von der sich die Alten viel erhofften, war, als es sie noch gab, Bewegung und Entwicklung, Reinigung und Läuterung in einem das Spiel betrachtenden, vom Spiel bewegten, *besonnenen* Selbst des Zuschauers.

Der Computer wirkt auf prinzipiell andere Art. Es fällt relativ leicht, kopfschüttelnd neben einem besessenen Spieler und seinem Monitor, auf dem es hüpft und kreischt und schreit, zu sitzen und sich schlicht und einfach tödlich zu langweilen. Was dort auf dem kleinen Bildschirm geschieht, berührt mich nicht im geringsten! Jedenfalls nicht, solange ich nicht mittendrin bin.

Es ist viel einfacher, unbeteiligt einem Computerspiel zuzusehen, als beispielsweise ganz ohne Gefühle einer großen Theateraufführung oder einem romantischen Film zuzuschauen. Die „alten" performativen Medien sind auf Kommunikation mit einem wachen Selbst angelegt, sie drängen sich auf, sie wühlen sich in unsere Identifikationsfähigkeit hinein. Sie verhandeln die allgemeine menschliche Sache.

Der Computer verhandelt gar nichts. Er ist auch nicht auf Kommunikation aus. Er erscheint geradezu abweisend. Er kennt – wie der kindliche Narzißmus – nur Totallösungen. Du bist drin oder draußen. Ein Hineingleiten in ein Spiel wie etwa in die Atmosphäre eines Kinostücks, ein Aufwecken der Sinne, ein Aufbrechen der Gefühle gibt es bei ihm nicht.

Wer sich distanzierend und zunächst ein wenig desinteressiert in eine Spiellandschaft hineinbewegen will, wird umgehend abgeschossen. Das war's dann schon! Aus. Spielende. Neuer Anfang oder gar kein Anfang, dem Computer ist es egal. Den Spielfiguren auch. Mit dem Verlöschen der Software sind sie verschwunden, sie existieren ja nicht. Der Computer duldet keine Übergänge.

Ich will von einer Beobachtung erzählen, die ich in verschiedenen Seminaren machen konnte. In aller Regel finde ich dort ein medienskeptisches Publikum vor, Lehrer, Sozialpädagogen, Therapeuten, Pfarrer und Funktionsträger der Kirche, Wissenschaftler. Zweifler, die von der Entfaltung der Medien beunruhigt, zum Teil beängstigt sind. Computerspiele oder Computer als Träger telematischer Kontakte sind ihnen eigentlich egal. Allein die Wirkungen der neuen Medien bereiten ihnen Sorgen.

Nun passiert mit verblüffender Regelmäßigkeit folgendes: Ich versuche, soweit es die Zeit und die Organisation zulassen, mit den Seminarteilnehmern zu spielen. Meine ganz persönlichen Lieblingsspiele! Die erste

Reaktion ist immer gleich: Langeweile. Selbst jene Seminarteilnehmer, die ich mit vielen Worten dazu verführen konnte, die digitalen Spiele wenigstens „irgendwie interessant, vielleicht spannend" zu finden, zeigen sich von der Spielrealität selber eher enttäuscht. Das soll alles sein?! Ein paar künstliche Figuren, ein paar comichafte Szenarien, in denen sich dauernd irgendwas bewegt, ziemlich mechanisch, viel Knallerei …

War's das? Eben nicht!

So regelmäßig wie diese ent-täuschte (was man so richtig vehement ablehnt, pflegt man ja insgeheim immer zu überschätzen) Langeweile tritt ein zweiter Effekt ein. Der eine oder andere mutige Skeptiker ergreift, nicht ohne eine humorvolle kulturkritische Anmerkung, die Maus oder die Konsole, federt leichtfüßig in die Abenteuerwelt, schießt und trifft (man will sich ja nicht blamieren), schießt weiter und trifft wieder und vergißt erst seine inneren Vorbehalte und dann seine Umgebung, reagiert schneller, direkter, intuitiver, er findet sich ins Spiel hinein – und bleibt darin. Und: Solche Involviertheit steckt an. Ich habe einen überaus klugen und bedächtigen höheren Funktionsträger der evangelischen Kirche, mit dem ich mich mitsamt einigen Seminarteilnehmern eifrig spielend am Computer wiederfand, voller Enthusiasmus „Knall ihn doch ab!" in mein pazifistisches Ohr brüllen hören. Ein kultivierter Mann, kein Zweifel, christlich-friedfertig wie wir alle! Aber hineingesogen, gezerrt in ein banales Geschehen, so banal, daß es seinen humanistisch gebildeten Geist gar nicht recht erreichen konnte und trotzdem – nein, gerade deswegen – so mächtig war.

Mächtig? Inwiefern? Bildmächtig? – Ach, die Bilder waren eher dürftig, Comics eben. Emotional mächtig? – Nein, das storyboard war extrem simpel, einer schießt, und der andere schießt zurück, kein B-Western käme damit über die Runden! Spannend eigentlich auch nicht, es passierte ja nichts außer einem bißchen Schießen hin und her. Und trotzdem? Und trotzdem!

Also warum?

Ich sagte: Nicht ich und nicht das, was die Bilder in mir wachrufen, bilden die Synthese und die Logik des Fortgangs der Bilder, sondern die Befehle, die die Maschine an mich ausschickt. Das ist das eine. Das zweite ist, daß jede Distanz, der selbstbesonnene Abstand, unterlaufen wird. Nämlich dadurch unterlaufen wird, daß die Maschine sich keineswegs mit einem mechanischen Befolgen ihrer Vorgaben zufriedengibt, sondern darüber hinaus eine Art intuitiven, mit- und einfühlenden Gehorsam fordert, der sich zum schnellen Reflex verdichtet.

Der Held in den animierten Räumen, der gegen die Feinde angeht, geheimnisvolle Gänge durchquert, verschlossene Tore öffnet oder überspringt, sammelt im Verlauf eines Spieles immer mehr dieser leeren Reflexe und fesselt durch sie hindurch meine ganze Kon-zentration. Er ist mein Stellvertreter im Cyberspace, aber ein seltsamer, von ichhaften Anteilen fast entleerter. Ich kann ihn gar nicht aus den Augen lassen, muß hinter ihm her und in die nächsten Sensationen hinein, die er mir aufschließt. Ich werde ein wenig wie er, aber eine „Identifikation" mit einer Spielfigur in einer Spielwelt ist das eigentlich nicht, was sich da vollzieht, sondern etwas ganz anderes, Befremdliches, aber durchaus so, daß es meine Kräfte für den Ablauf des Spieles einfängt und bindet – denn wenn es mir nicht gelingt, daß ich ganz in die kon-zentrierenden Eigenwelten eintauche, dann entfaltet die Maschine mit ihrer homogenen Funktionalität auch keine Suggestivkraft. Das Spiel würde dann langweilig, und ich würde es bald abbrechen.

Jetzt erst bin ich also an jenem Punkt angelangt, von dem wir mit unserer kleinen Reflexion ausgegangen sind: Ich werde von der Maschine wie eine Maschine behandelt. Es gibt, sagte ich, keine Sinnpunkte, keine Konnektionen inhaltlicher Art, insofern auch keine Vorhersehbarkeit, die mit meinen Erfahrungen in Übereinstimmung zu bringen sind. Im Gegenteil funktionieren die Bilder ebendadurch, daß ich solche Übereinstimmungen gar nicht anstrebe, sondern, soweit es mir möglich ist, ausschalte. Nur dann finde ich mich in diesen Bildpotenzen zurecht und leiste jene Reduktion, die die Maschine dazu befähigt, mir Befehle zu erteilen, und mich dazu befähigt, diesen Befehlen reflexartig und mit intuitiv gelenkter Schnelligkeit nachzukommen.

So geschieht es also, daß mit dem Vordringen in diese Bildräume in ungeordneter Folge meine Sinnbestände

durcheinander „geschüttelt", Bewußtes und Unbewußtes, psychisch stabile Instanzen und psychisch instabile
Gleichgewichte de-rangiert werden, und darüber hinaus,
daß die Maschine von mir abfordert, diesen Verlust des
inneren Gleichgewichts intentional zu bündeln. Mit
Hilfe der Anpassung an die Maschine werde ich
befähigt, das Spiel weiterzuführen, damit neue Bilder
aufgerufen werden, die sich wiederum potenzierend auf
den alten Bildern und ihren Wirkungen aufrichten. Ich
entfalte, um vorwärtszukommen, um in den Räumen der
digitalen Spielwelt zu überleben, eine Intuition für die
Anordnung, die Konnektionen der Vorgaben und
Funktionen. Ich muß die Derangierungen, die sie anrich-
tet, in meinen Willen aufnehmen, focussieren und in die
Bildräume zurücklenken. Ich muß, mit anderen Worten,
die Intelligenz, die ein Programmierer mit seinen technischen Möglichkeiten in das Spiel hineingegeben hat,
auf gewisse Weise „verinnerlichen", damit sich mir auch
noch die allerletzten Bilder erschließen. Von Bild zu
Bild, von einer Spielebene zur nächsten, schreitet die
Entbindung der Sinnmöglichkeiten voran.
    Der Auflösungstaumel, der mich jetzt ergreift, hat mit
einem Mißverhältnis zwischen der Sinnordnung der
Maschine und der Sinnordnung meiner Psyche zu tun,
(ähnlich wie in manchen der Glasbilder von Marcel
Duchamp, in denen auch das nicht ineinander Abbild-
bare in einen widersinnigen Zusammenhang gebracht
wird und darin einen eigentümlichen Reiz entfaltet):

damit, daß eine Sinnordnung in eine andere einbricht (die der Maschine in die meiner Psyche), ohne daß die eine von der anderen weiß und ohne daß die eine auf die andere Rücksicht nehmen mag oder könnte. Damit ist nun jedes uns geläufige Modell von „Spiel" aufgehoben. In jedem Spiel, das die Kinder auf dem Hof oder dem Fußballplatz oder Erwachsene an geselligen Abenden spielen, gibt es eine Verstärkung und Bindung von inneren Sinnzusammenhängen mit dem Ablauf des Spieles. Erst dieser teils bewußte, teils unbewußte Zusammenhang stiftet überhaupt Spannung, Enttäuschung, Freude und Ärger über Sieg oder Niederlage. In den digitalen Bildräumen gilt all das nicht beziehungsweise nur auf eine besondere, von mächtigen Bildsensationen überlagerte Weise. Es gibt in den ästhetisch entwickelteren digitalen Spielen deshalb auch nicht wirklich Sieg oder Niederlage (vgl. Abschnitt 10). Das Ich-Bezügliche bleibt untergeordnet. Die Faszination im Zusammenwirken von Spiel und Psyche entsteht vielmehr durch deren folgenreiche Zerteilung, die durch inhaltsleere artifizielle Wirkungsmacht gewaltsam wiederaufgehoben wird. Diese innige Gewaltsamkeit ist der wichtigste Schritt zur Einbindung des Spielers in den virtuellen phantastischen Bildraum.

An diesem Punkt – aber nur an diesem – erscheint denn auch der in den psychologischen und pädagogischen Diskursen häufig gebrauchte Vergleich zwischen Computerspielen und Drogen sinnvoll. Auch Drogen lösen die vernunftgelenkte Wahrnehmung auf und empfangen dadurch ihre Intensität. Solche (medialen) Drogen werden unseren Kindern heute oft schon in einer frühen Lebensphase verabreicht, oft schon, bevor sie die Sprache als Ausdruck des eigenen Selbst beherrschen gelernt haben. Es gibt nicht, wie im Theater oder im Kino früherer Jahre, wie selbst noch in den Fernsehsendungen, Modelle des Alltags oder Modelle der Wertorientierungen oder der Familie, an denen sich die Geschichten und Erzählungen, die Legenden des Theaters und des Kinos und die kleinen biederen Legenden des Fernsehens orientierten, es gibt statt dessen eine Verkettung von maschinellen Zeichen, die sich auf nichts anderes beziehen als auf eine völlig eigenständige, eigenwillige Potenz der programmierten Imagination. Genau dies macht die Faszination der Computerspiele im Vergleich zu alten Filmen aus, die von den Kindern heute meist als langweilig empfunden werden.

Es gibt keinen Sinnkontext, auf den sich diese Spiele beziehen, sagte ich, nur die Funktionen der maschinisierten Befehle, die überhaupt keinem ich-haft darstellbaren Modell gehorchen und insofern so abrupt und plötzlich wirken, daß allein der ästhetische Effekt, der dadurch erzielt wird, die psychische Ordnung durcheinanderwirbeln kann. So werden alle Ordnungen der Wünsche und der Werte aufgegeben für einen triumphalen Moment, in dem auf der Seite des Spielers etwas zählt, für das es in der psychologischen Literatur und wohl auch in der poetischen Literatur keine Vorbilder gibt, das aber in diesen gerechneten Bildräumen offengelegt und zugleich verschlüsselt erscheint: Sind es frühe Wunschsymbole, die sich hier offenbaren und ihre schwer beschreibbaren Repräsentanzen finden? Sind es die „reiferen" psychischen Instanzen, wie die des Ich-Ideals, die ihre Allmacht in einem endlosen Spiegel vervollkommnet sehen? Oder ist es allein die Auflösung aller Ordnungen, die – endlich! – die psychischen Instanzen mit ihren verdrängten Triebbindungen und ihrer Zensur zurückschütten in einen primären Narzißmus und sich mit ihm zu einer völlig neuen Form psychischer Organisation vereinigen, von der wir uns bislang keine Vorstellung machen können?

12. Über Mario, das Böse und Regenbögen. Gespräch mit einem Kind.

– Lakitu ist der beste Filmer von Videospielen auf der ganzen Welt, sagt das Kind.

- Warum? frage ich.

- Weil Lakitu jedes Superspiel filmt, du siehst den Film und alle Aktionen so, wie Lakitu sie sieht …

- Langsam, sag' ich. Du meinst also, wenn Mario hochspringt oder eine Mauer öffnet oder kämpft, dann siehst du nicht, was er tut, sondern nur das, was Lakitu gefilmt hat?

- Genau, sagt das Kind stolz. Lakitu filmt alles. Und dann ist er plötzlich mitten in der Handlung drin …

- Noch mal, sage ich. Erst siehst du ihn, wie er filmt, und dann siehst du ihn in der Handlung? Ist ja glatt Kunst, wenn ich mich zum Beispiel an das Underground-Kino der frühen 70er erinnere, ich selbst habe damals übrigens ...

- Das Kind sagt streng: Du hast es immer noch nicht richtig verstanden.

(Hatte ich mir schon gedacht!)

- Ich erklär's dir, sagt das Kind. Du mußt besser aufpassen. Du siehst den Video-Film genau so, wie Lakitu ihn fotografiert hat, begriffen?

- Jawohl!

- Und dann siehst du Lakitu auf einmal mitten im Video-Spiel – also mitten in der Handlung. Jetzt klar? Er filmt und filmt, und wenn er in der Handlung drin ist, dann ist alles mal oben und mal unten, mal vorn und mal hinten, es ist toll ...

- Auflösung der Perspektiven, grummele ich vergnügt.

- Ja, ja, sagt das Kind geduldig.

Und dann, sprunghaft, wie es ist: Was mir noch gefällt! Soll ich es dir sagen? Die Pendeluhr!

- Wo ist die?

- Zweites Stockwerk im Schloß.

- Bowsers Schloß? frage ich, um zu zeigen, daß ich mich auch auskenne.

- Welches denn sonst? Gibt's noch eins?

- Zur Zeit nicht, sage ich. Früher gab's mal viele Schlösser, Dornröschen und so, aber seit Sony und „it's not a game" gibt's wahrscheinlich nur noch eines ...

- Das ist das mit der Prinzessin, erläutert das Kind.

- Sowieso, sage ich. Prinz und Prinzessin, der Böse, der so riesig ist, und die gefangene kleine Schönheit im untersten Kerker, darf alles nicht fehlen. Ein bißchen Tradition muß sein ...

- Hörst du zu oder hörst du nicht zu? fragt das Kind.

- Ich höre.

- Die Pendeluhr ist gar keine Uhr.

- Sag ich ja, es gibt keine Zeit im Märchenland.

(Kein Kommentar)

- Die Pendeluhr ist ein Wandbild. Das merkt man aber erst, wenn man ganz nah an das Zifferblatt herangeht.

- Mit Lakitus Kamera? frage ich.

- Was? Ach so. Ja, natürlich. Keine Uhr, sondern ein Bild. Du mußt hineingehen in das Bild, und wenn du drin bist, sieht es aus wie ein riesiges Uhrwerk. Das ist Station 14, kannst du dir merken, falls ich mal nicht da bin.

- Station 14, verstanden. Und wie heißt sie, die Station?

- Tic Tac Trauma. Das Kind kichert. Im zweiten Stock, erläutert es entschlossen weiter, ist auch noch die Regenbogen-Raserei. Toller Name, so was fällt mir nie ein, schade! Das Spiel ist aber nicht schlecht, gute Grafik. Ich erklär das mal kurz: Du springst durch ein Loch ...

- Welches Loch?

- Na irgendeines. Dahinter ist ein Schacht, und dann bist du in den Wolken. Mittendrin.

- Wie immer, sage ich, mittendrin. Und Lakitu filmt …

- … und manchmal sieht man ihn, sagt das Kind und kichert schon wieder. Du kriegst glatt Höhenangst! Mitten in den Wolken geht das hin und her. Da wird manchen Spielern richtig schwindlig. Alles fliegt, das ist der Wahnsinn …

- Mein lieber Mann, brumme ich, die haben alle Tiefenspychologie studiert. Für unsereinen bleibt wieder nichts zu tun …

- Die Dinge fliegen wild herum, und weißt du, wodurch sie trotzdem miteinander verbunden sind?

- Regenbögen, sage ich.

- Woher weißt du das? fragt das Kind enttäuscht.

- Regenbogen-Raserei. So heißt das Spiel. Hast du gerade selber gesagt …

- Ach sooo, sagt das Kind und scheint schon wieder enttäuscht zu sein (einerseits soll ich gar nichts wissen, andrerseits soll ich alles wissen). Aber wie alle Kinder, die enttäuscht sind, wechselt es einfach das Thema, abrupt und belehrend: Der Grüne Schalterpalast ist mein liebster. Du weißt natürlich nicht, wo der ist. Tief drinnen in der Grünen Giftgrotte. Du mußt erst mal schalten, dann aktivierst du die !-Boxen.

- Die wen?

- Aussprechen kann man das nicht. Ich zeichne es dir auf: !-Boxen.

(Sind wir im Märchenland oder im Technikunterricht?)

- Also das ist eine grüne Box, wenn du die jetzt irgendwo triffst …

- … nachdem sie aktiviert worden ist …

- … genau, dann wird Mario von einer komischen Metallmasse überzogen und ist unverwundbar, aber trotzdem durchsichtig, als wär er aus Glas …

- Und hat endlich eine echte Chance gegen Bowser!

- Aber genau. Bowser ist toll (das war wieder etwas zusammenhanglos).

- Wieso ist Bowser toll? Bowser ist der Böse, denk ich, ein Ungeheuer oder so …

- Bowser, erläutert das Kind, gibt es dreimal. Bowser 1 und Bowser 2 und 3 …

- Bowser hat drei Leben?

- Kann man so nicht sagen. Bowser gibt es eben dreimal …

- Und ist jedesmal derselbe!

- Jetzt hast du's verstanden.

(Dieser Dialog wurde auf seine Richtigkeit geprüft von Dominic Bergmann, zwölf Jahre.)

III.
Die Psychoanalyse

Den türkischen Honig beispielsweise, den es, wie wir
wissen, nicht mehr gibt, mag ich lieber als alles auf der Welt.
Und eines Tages werde ich dich darum bitten ...
Beckett. Endspiel

13. **Vorbemerkung. Narziß und sein Sommer-
nachtstraum.** Wir haben festgestellt, daß die
Computerfiguren im Spiel ebenso wie die kommunikativen Signale in den elektronischen Netzen eine besondere Flüchtigkeit haben. Wir haben weiter gesagt, sie
erzeugen für den Betrachter oder Nutzer vor dem
Bildschirm eine eigenartige Vermengung von „hier" und
„dort", Nähe und Ferne, wie es sie sonst in unserer
erwachsenen und vernunftgeregelten Welt nicht gibt.
Eines der Fundamente unserer stabilen Wahrnehmungen
und Selbstwahrnehmungen besteht ja darin, daß wir
unsere Welt so definieren, daß wir selber uns im
Mittelpunkt befinden. Von ihm aus ermessen wir die
Distanzen zu den uns umgebenden Menschen und
Dingen, dahinter die weitere Umgebung, die Straße vor

dem Fenster, die gegenüberliegenden Häuser, die Stadt bis hin zum Horizont – wir schaffen um uns herum einen zentrierten Raum. In den digitalen Welten, sagten wir, lösen sich dieses „hier" und „dort" fast vollständig auf, damit verwirrt sich auch die zentrale Perspektive, in der wir sonst gesichert sind.

Man denke nur an die ins Video-Spiel integrierte Kamera, die einen ständigen Perspektivenwechsel von Innen- und Außensicht ermöglicht und damit auch das „Ich" des Spielers zwischen einem „innerhalb des Spieles" und einem „außerhalb des Spieles" hin- und herspringen läßt. Wir haben dies im Dialog mit dem Kind kennengelernt. Das spielende Ich: Mal ist es „hier", dann wieder „dort". Genaugenommen ist es „hier" und „dort". Nah und fern. Gleichzeitig. Wie in Träumen.

Wir haben festgestellt, daß im Internet kein Zeitempfinden, sondern nur Gegenwart und wieder Gegenwart vorherrschen. Alles Kommunizieren zentriert sich in die Zeitform des „Jetzt". Wir haben außerdem von dem gleitend-erhebenden Gefühl gesprochen, das sich beim Surfen durch das weltweite Netz ebenso einstellt wie beim Betrachten mancher Computeranimationen. All diese Beobachtungen lenkten unsere Überlegungen auf jene frühkindlichen Phasen, die vor der Ausbildung eines reflexionsfähigen „Ich" liegen. Wir haben dazu den Begriff des Narzißmus eingebracht. Wir wollen nun im einzelnen untersuchen, was er in der Freud'schen Theorie bedeutet.

Bevor wir uns jedoch auf diese phantastische Reise begeben, die uns durch die Anfänge und Ursprünge unseres seelischen Lebens führen soll und die zuletzt wieder in den Welten der Computer und digitalen Netze enden wird – bevor wir dies tun, möchte ich auf den antiken Mythos des Narziß zu sprechen kommen. Was die griechische Mythologie uns über die Tiefengründe der menschlichen Seele zu sagen hat, ist von einer Schärfe und Klarheit, die von der Philosophie der Neuzeit und der Tiefenpsychologie nicht übertroffen wurden. Wir werden gleich sehen, daß die nüchternen Befunde der Freud'schen Theorien mit dem Mythos, der großen „Legende", auf erstaunliche Weise übereinstimmen. Die Eindringlichkeit allerdings, mit der Ovid die Ausweglosigkeit des Narziß beschreibt, ist in dem Begriffsgerüst der Analyse nicht mehr aufzufinden. Gerade diese aber, die Not des Narziß, ist es, die uns interessiert. Ich kann an dieser Stelle nur ganz knapp nacherzählen, was Ovid in den „Metamorphosen" aufgezeichnet hat. Trotzdem wird uns dieser kleine Ausflug in die literarische und kulturelle Frühgeschichte hilfreich sein: In Ovids Narziß-Mythos klingt eine Reihe von Motiven an, die uns anschließend den Zugang zu Freuds nicht ganz einfacher Interpretation des Narzißmus erleichtern wird.

Die Geburt des Narziß: Er „wand sich vom befruchteten Schoß der Schönsten der Nymphen ans Licht", heißt es am Anfang. Wir sehen, daß in Ovids Darstellung das „Schöne" mit dem magischen Wort „Licht" in Verbindung gebracht wird. Erinnern Sie sich, daß ich im Vorwort darauf hingewiesen habe, daß in der Computerwelt Lichtzeichen sichtbar werden – Licht und sonst nichts! –, die zu Bildern oder Tönen zusammengefügt, eben „computerisiert" sind und dabei eine eigenwillige Wirkung hinterlassen. Licht ist das technische Element des Computers, es ist auch das Lebenselement des Narziß.

Der Seher Tiresias weissagt dem Narziß, daß er glücklich sein werde, „solange er sich selber nicht kennt". In einer modernen psychologischen Sprache würden wir sagen, er ist glücklich, solange er kein „Ich" besitzt, also die Fähigkeit zur Selbstreflexion noch nicht aufgebaut hat. Das Erwachen des Bewußtseins wird bereits in der frühantiken Erzählung als Ausgangspunkt eines schicksalhaften Unglücks gedeutet. Wir werden gleich sehen, daß dieselbe Annahme, obgleich unausgesprochen, im Zentrum der Freud'schen Narzißmus-Theorie steht.

Ahnungsvoll, fast prophetisch will uns heute die Tatsache anmuten, daß Ovid im Zusammenhang mit dem Narziß von einer „Neuheit des Wahnsinns" spricht. Wir werden am Ende unserer Überlegungen in der Tat zu dem Resultat gelangen, daß sich unter den Bedingungen neuer Medienwelten eine neuartige narzißtische Psyche ausprägt, die neben verschiedenen positiven Chancen sehr wohl auch die Gefahr in sich birgt, in einer Form des persönlichen und kollektiven Wahns zu enden. Und zwar tatsächlich in einer „Neuheit" des Wahns, von der wir uns bisher weder theoretisch noch praktisch eine genaue Vorstellung machen können – wir haben nur Anzeichen, Hinweise, Ahnungen ...

Narziß wird geliebt, aber er selber kann nicht lieben. Die Nymphe Echo, die ihm liebend und vergeblich folgt, verbirgt sich, wie es bei Ovid heißt, „die Verschmähte, im Wald, mit Laub das verschämte Antlitz deckend ...".

Die Liebende empfindet Scham, Narziß, der nur sich selber kennt, ist schamlos, ja, zur Scham nicht fähig. Scham heißt zuallererst, daß ich mich angeschaut fühle und mich im Anblick des anderen erkenne. Der Blick des anderen, meines Gegenübers, trifft mich wie eine mir nicht offenbare Wahrheit. Er erhebt oder erniedrigt, bestätigt oder verstört, in jedem Fall ist die Art und Weise, wie ich „angesehen" werde, Auskunft über ein ungewisses Selbst. Aus mir selber kann ich sie nicht schöpfen. Erst durch den „Anderen" bekomme ich mich zu Gesicht. Erst durch ihn werde ich mir selber bekannt. Dies sind die Abhängigkeit und die Autarkie des abendländischen Subjekts, im Mythos des Narcissus ist es konflikthaft ausgesprochen.

Narziß flieht vor der Abhängigkeit. Er findet eine Quelle, von der es heißt, sie sei „schlammlos". „Niemals ein Hirt, noch am Berg geweidete Ziegen hatten (sie) berührt, ... kein Wild, kein niedergefallener Baumzweig." Nichts Lebendiges hat den Quell verändert. Er ist ur-sprünglich und weltlos. Narziß beugt sich durstig über ihn und ist „*im Trinken* vom Schein des gesehenen Bildes bezaubert" (Hervorhebung von mir).

Wir sind im folgenden an eine Interpretation des Mythos gewohnt, die ungefähr diesen Inhalt hat: Was Narcissus, über die Quelle gebeugt, in dem reinen Wasser sieht, ist sein Ebenbild, er liebt fortan nur sich selber. Er verfällt dem eigenen Bild.

In Ovids Versen verhält es sich nicht so. Narziß sucht vielmehr im eigenen Spiegelbild jenes Objekt oder, wie wir eben gesagt haben, jenes Gesicht, das ihn anblickt und ihn mit sich selber bekannt macht. Er bleibt aber in sich befangen – dies macht seine Tragik aus.

„Denn im Trinken vom Schein des gesehenen Bildes bezaubert" – ich erinnere an den Zusammenhang von Saugen und Angeblickt-Werden in den ersten Lebensmonaten, die Symbiose –, liebt er einen Wahn: „Er hält für Körper, was Schatten."

Nicht sich sucht und begehrt Narcissus, nicht nach sich greift er aus, er sucht in dem ungetrübten Wasser vielmehr das vollkommene Gegenüber, oder anders: die Vollkommenheit im Gegenüber. Er sucht den- oder dasjenige andere, das allein ihm seine Vollkommenheit, sein inneres Licht und seine Schönheit vergegenwärtigen könnte. „Liegend betrachtet er stets gleich wie zwei Sterne die Augen, schaut mit Entzücken, des Apollos würdig ... und des Gesichts Anmut in schneeiger Weise die Röte; alles bewundert er selbst."

Die nun folgenden Verse schildern eindringlich, geradezu fieberhaft, wie Narziß nach dem Anblick eines anderen Menschen verlangt und ihn verfehlt: „Der da strebt, er *strebt* (Hervorhebung von mir), und zugleich entzündet und brennt er. Wie oft narrt er umsonst mit Küssen das trügende Wasser!"

Trügerisch ist der Wahn, weil er das Eigene als das andere spiegelt. „Wie oft mitten hinein, den gesehenen Hals zu ergreifen, taucht er die Arme in die Flut und faßt sich nicht in den Wellen!" Das andere suchend, das sich ihm wie der eigene Schatten entzieht, entfaltet sich die Tragik des Narcissus.

In einer anderen Akzentuierung möchte man interpretieren, daß Narziß unfähig scheint, die Begrenzung seines Selbst zu erkennen, seine Wahrnehmung erschöpft sich im Bild des Selbst, dessen Grenzen ihm unfaßbar werden. Wie im oralen Modus der Weltaneignung, auf den wir gleich zu sprechen kommen, sind ihm Subjekt und Objekt ein und dasselbe.

So verliert er, unfähig, seine Abhängigkeit in der Gegenübersetzung von Selbst und Objekt zu begreifen, jegliche Unterscheidbarkeit. Weil diese fehlt, versinkt er in einen illusionären Traum der eigenen Allmacht. In ihm, dem Traum der seelischen Allmacht und Allgegenwart, gibt es wohl nur Vollkommenheit oder jenes wirbelnde Grauen, von dem uns Edgar Allan Poe in seiner Erzählung „Im Wirbel des Malstroms" eine Vorstellung gegeben hat.

14. **Narzißmus – Begriff und Beschreibung.** „Auf diesem Planeten leben ohne Wunsch und ohne Körper" – dies sind nach der eindringlichen Formulierung von Ernest Jones, Freuds Wegbegleiter und erstem bedeutenden Biograph, der Wunsch und die Hoffnung des Narziß, jenes Charakters, der unermüdlich und unersättlich zu seinen frühesten Befriedigungen und halluzinatorischen Wünschen zurückdrängt und in der Realität ihre Entsprechung oder wenigstens ihren Widerhall finden möchte.

Der „narzißtische Charakter" ist in der psychoanalytischen Literatur eine unpräzise Hilfskategorie, unter der – ähnlich wie in der psychiatrischen Diagnostik unter dem Sammelbegriff schizoider Formenkreis – eine Fülle von Verhaltensweisen, Störungen und Eigenheiten zusammengefaßt wird. „Narzißmus" wird zum einen als beschreibende Kategorie verwendet, unter der Verhaltensbeobachtungen summiert werden, und zum anderen als analytische Kategorie, mit der ein dynamischer Vorgang von den ersten Augenblicken nach der Geburt bis zum Aufbau von Ich und Ich-Ideal beschrieben wird. Beide Verwendungsweisen werden in der Diskussion nicht selten vertauscht oder gleichbedeutend verwendet, was besonders in den neueren Diskussionen seit den 60er Jahren zu einer Fülle von Mißverständnissen und Ungenauigkeiten führte. Ich werde mich im folgenden an die Freud'schen Texte aus den Jahren 1913 bis 1923 halten und darüber hinaus die Interpretation von Bela

Grunberger benutzen, um auf dem Hintergrund dieser „anthropologischen" Überlegungen die Wirkungsweise der digitalen Medien im Aufbau des Selbst, soweit sie heute erfaßbar scheint, zu analysieren.

Der Narzißmus der frühen Kindheit muß aufgegeben werden, wenn das Kleinkind sich seiner Triebansprüche bewußt wird und seine Aufmerksamkeit der Objektwelt zuwendet. Der Narzißmus ist aber etwas wie ein lebensgeschichtliches Gefäß des ursprünglichen Glücks, er kann gar nicht aufgegeben werden. Auf diesen das vernünftige (realitätsbezogene) Ich bannenden Widerspruch werden wir noch ausführlich eingehen. Hier wollen wir vorerst nur festhalten, daß eine übermäßige Bindung an diese ersten Befriedigungsformen die Entfaltung eines „reifen" Ich hemmen kann und dabei spezifische Verhaltens- und Reaktionsweisen hervorruft. Sie lassen sich im therapeutischen Prozeß als Behinderung im Ich identifizieren und werden insofern als Störung eingeordnet.

Aber lassen wir uns nicht täuschen, „narzißtisch" sind wir natürlich alle. Wir sind gebunden an die frühen Befriedigungen, für die es im späteren Leben niemals mehr eine Entsprechung, nicht einmal einen Ersatz, sondern immer nur eine unzureichende Erinnerung geben kann – einen Spiegel, der in eine erfüllte psychische Wirklichkeit hineinschauen läßt und sie zugleich vom sehnsüchtigen Ich fernhält, wir kommen nicht von ihr los. Was sich nicht erfüllen läßt und doch nicht aufge-

geben werden kann, das muß abgewiesen, zensiert, aus
dem Bewußtsein gedrängt werden, gestaut im Unbewußten. Und eben die „Stauungen" und Ver-drängungen
sind es, die jene ursprünglichen Wünsche unkenntlich,
sprachlos und in demselben psychischen Vollzug unsterblich machen. Sie sind es, die danach auf unstillba-
re und entstellte Weise in uns weiterwirken, Faszinationen erzeugen, die wir uns nicht erklären können
und zu Abenteuern verführen, auf die wir uns bei kla-
rem Verstand niemals einlassen würden.

Narziß, das sind wir! Narziß mit dem Doppelgesicht,
dem der Selbstliebe und der Selbstzerstörung.

Ernest Jones hat diese innere Spannung in eine Formulierung von verdichtender Prägnanz gefaßt: „Nicht
Körper", aber „leben", das heißt: grenzenlos und maßlos
leben, unverletzlich. „Ohne Wünsche", weil alle Wunsch-
befriedigungen bereits vollendet sind. Weil es nicht ein
hungriges Ich hier und ein erfüllendes Objekt dort gibt,
sondern nur mehr ein ruhendes Ganzes aus hier und dort,
aus Objekt und Ich.

Für das bewußte, reifere Ich bedeutet dieses narzißtische Sehnen nach einem Leben „ohne Körper und
ohne Wünsche" vor allem wohl dies: daß es sich im
Verhältnis zu „Anderen" in einen Status versetzen
möchte, in dem es nicht mehr angreifbar wäre, nicht
mehr kritisiert, verletzt, gedemütigt werden könnte. Das
narzißtische Sehnen überschreitet also in jedem Fall und
in allen seelischen Entwicklungsphasen, auch den „er-

wachsenen", die Existenzweise des „Ich". Nur, wo kein Ich wäre, gäbe es keine Kränkung, gäbe es auch den anderen nicht, das Gegenüber, das mich bewerten und verwerfen, erheben und demütigen kann.

Ohne Wunsch und ohne Körper leben und dennoch „leben", das wäre ein Leben in totaler Sicherheit. In fließender Harmonie und insofern ohne jegliche Gefährdung. In jedem Traum und jedem Tagtraum blüht dieser versunkene Narzißmus jedes Menschen. Es gäbe keine Selbstliebe ohne ihn und wohl keine Selbstverachtung, es gäbe ohne den ursprünglichen Narzißmus mitsamt seiner schwierigen Einbindung in das seelische Geschehen, wie wir noch herausarbeiten werden, auch kein Gewissen, kein Tasten nach der Wahrheit.

Der Narzißmus, der vor und neben dem planenden selbsterhaltenden Ich in uns lebt, ist den Lebensenergien nahe, aber ebenso dem Todeswunsch: Aufgehen und Nicht-mehr-ich-Sein, möglicherweise auf Kosten einer allgemeinen Katastrophe, die eine universale, eine endgültige sein müßte, eine, nach der nichts mehr weitergeht und nichts mehr blüht, weder Objekt noch Subjekt existieren, weder Wunsch noch Erfüllung und erst recht keine Enttäuschung – das Endspiel, auch das ist eine narzißtische Phantasie.

Freud hat den Begriff des Animismus, der Magie und das Gefühl der Allmacht in verschiedenen Aufsätzen mit dem Narzißmus, genauer der primär narzißtischen Erfahrungswelt des Kleinkindes, in Verbindung gebracht

– so in „Totem und Tabu", 1912, und in der „Einführung
des Narzißmus", 1914, ebenso in seiner Theorie des
Schlafes, der Schizophrenie und der Hypochondrie und
dann noch einmal in besonderer Form in dem 1916 entstandenen Aufsatz „Trauer und Melancholie".

Bei dem Versuch, in den vielschichtigen und vielge-
brauchten Begriff Narzißmus Klarheit zu bringen, stößt
man, ich habe es anfangs kurz angemerkt, auf eine
Mehrdeutigkeit, die ihre Ursache wohl – neben einigen
methodischen Ungeschicklichkeiten, die sich mit den
Diskussionen seit Ende der 60er Jahren eingeschlichen
haben – darin hat, daß der Narzißmus nicht anhand der
Entwicklungsstufen des Ich und der zugehörigen Verhaltensweisen beobachtbar und beschreibbar ist, daß er
nicht in der Struktur des Psychischen zu „verorten" ist.
Vielmehr umschreibt der Begriff „Narzißmus" ein
primäres, in Unveränderlichkeit und Stillstand verhar-
rendes Da-Sein, das erst dann (konflikthaft) als eine
Bewegung, ein Drängen und Unruhig-Sein im Selbst
auftaucht, wenn ein Kleinkind sich seiner Bedürftigkeit
und Abhängigkeit von der äußeren Welt bewußt wird.
Gegen die Bedürftigkeit und Abhängigkeit empören sich
sogleich die narzißtischen Urgefühle und begleiten auf
diese beunruhigende Weise – wie Lou Andreas Salome
bereits 1911 in einem, von Freud belobigten, Aufsatz
anmerkt – das seelische Geschehen ein Leben lang. Aus
ihrer universalen Selbstbezogenheit und Allmacht aufgestört, vermengen sie sich mit den Empfindungen des

Kleinkindes, wenn dieses sich mit seinen Triebansprüchen der Objektwelt zuwendet, Hunger empfindet
und gestillt werden will, Kälte empfindet und nach
Wärme und Hautnähe verlangt, wenn letztlich alle diese
Wünsche übergehen in einen grundliegenden und totalen, dem nach der Rückkehr in die dunkle Geborgenheit
des vorgeburtlichen Zustandes.

Der Narzißmus ist gegründet auf die seelischen
Vorgänge im Neugeborenen und Kleinkind. Sprechen
wir, um die narzißtischen Gefühle zu charakterisieren,
zunächst versuchsweise von einer unbewußten, aber
drängenden Sehnsucht, von einem Wunsch nach Rückkehr in einen Zustand der Allgegenwart und All-
mächtigkeit, des osmotischen Versorgt-Seins (statt des
immer auch mangelhaften und Mangel erzeugenden
Versorgt-*Werdens*), von einem „Sein" ohne Anstrengung
und ohne Abhängigkeit, ohne Verletzbarkeit, also so,
wie es in biotischer Verschmelzung mit dem versorgen-
den Mutterleib gewesen ist.

So ist jene eingangs erwähnte Formulierung von
Ernest Jones – „auf diesem Planeten leben, ohne Wunsch
und ohne Körper" – zutreffend und unzutreffend zugleich. Zutreffend ist sie insofern, als sie für diesen letztlich nicht erfaßbaren Zustand keine Begriffshüllen erfin-
det und mit ihnen eine vorgestellte Begriffswelt vor die
Phänomene schiebt, sondern ganz bei dem Gegenstand
bleibt und dessen Besonderheit in anschauliche, fast
poetische Worte zu fassen versucht. Unzutreffend ist sie

aus ebendemselben Grund: dadurch nämlich, daß jener Urzustand Wort geworden ist, ist er bereits in eine symbolische und psychische Ordnung eingetreten, nun für uns zwar beschrieben, aber lediglich so, daß wir gleichsam sein „Nachher", seine Rückprojektion aus einem schon entwickelten psychischen Erleben, nicht aber sein Sein erfaßt haben. Insofern ist, was ein inniges Sein ohne Bewußtsein war, jetzt in einem Entwicklungsstadium beschrieben, in dem es bereits zu einem Wunsch geworden ist, der im Psychischen repräsentiert ist; was nur als Zustand erfahrbar wäre, ist in eine seelische Entwicklung und Vermengung mit einer eigenen Dynamik übergegangen, etwas Neues geworden, ein anderes, das auf andere oder auf sein Selbst als ein anderes angewiesen ist. Als Benanntes ist es immer schon Teil der symbolischen Ordnung.

Der Fötus, das Neugeborene, kennt keine Zeit, weil es keine Aufschiebung kennt, es weiß nichts von Wünschen, weil alles immer sofort da ist. Es schwimmt in einer harmonischen Raumlosigkeit, dem Innen des mütterlichen Körpers, und der sich erst ausprägende kindliche Leib ist von ihm noch ungeschieden; sie sind eines und ineinander verbunden und aufeinander angewiesen. Diese fötale Zeitlosigkeit bleibt nach der Geburt über die Symbiose mit der sorgenden Mutter und das halluzinatorische Wünschen eine Zeitlang aufrechterhalten, wird dann aber von den Triebansprüchen, die sich auf eine objekthafte Welt richten, gestört – um die Heftigkeit dieses Vorganges zu beschreiben, sollte ich besser sagen: wird unterbrochen, abgebrochen. Plötzlich ist die Zeit da, als unerträgliche Weile des Wartens auf das befriedigende Objekt. Eine Weile, die der Säugling nicht ermessen, sondern nur erleiden kann.

Da also der Triebanspruch gespürt, aber nicht sofort befriedigt wird, entsteht zugleich mit der schließlich doch eintretenden Befriedigung das innere Bild des abhängigen, hilflosen Selbst. Nur wo der Charakter der Objekte so wäre, daß er den fließend-symbiotischen Eigenarten des primären Narzißmus entgegenkäme und sie nicht abweist – nur dort wären eine Objektberührung und -erkennung vorstellbar, die mit den frühen Allmachtsphantasien beglückend zusammenflössen.

All diese narzißtischen Motive sind in die späteren Phasen des seelischen Aufbaus eingewoben – allerdings auf eine kaum noch zu enträtselnde Art und Weise. Die beeindruckende Mächtigkeit mancher Triebwünsche und ihre Beharrlichkeit bis in die Verdrängung hinein speisen sich nicht nur aus dem Triebpotential, sondern reflektieren auch den ursprünglichen „ego-kosmischen Zustand" (Paul Federn). Die Macht und die Kraft der Wünsche sind immer auch von dem rücksichtslosen und totalen Charakter des primären Narzißmus genährt.

Zugleich aber tritt ein weiteres seelisches Paradox auf den Plan, das aus dem eben Skizzierten folgt: Das Wünschen selber wird unter diesen Voraussetzungen zu einer Preisgabe jenes frühen glückhaften Zustandes. Wenn nämlich in den folgenden Entwicklungsphasen das Kleinkind Sprache bildet, wenn es die Unterscheidungen von Selbst und Objekt, von Innen und Außen aufnimmt, dann werden die kosmisch-befriedigenden Zustände vergessen (sind aber nicht aus dem psychischen Universum verschwunden). Mit jedem Triebanspruch, jedem „Triebsturm", der durch die eben erst begonnene kleine Seele tobt, wird sie aus dem vorgeburtlichen und säuglingshaften Paradies weggeweht und kann nicht mehr zurück.

Es ist ganz so, wie es Benjamin intuitiv in seiner Interpretation des Klee'schen Bildes vom „angelus novus" beschrieben hat: Ein Sturm weht vom Paradies her, der sich in den Flügeln des Engels verfängt und ihn, während sein Gesicht dem Paradies zugewendet bleibt und zugleich Katastrophe um Katastrophe sich vor ihm auftürmen, forttreibt, einer ungewissen Zukunft entgegen.

(„Angelus novus" war als Allegorie der Geschichte gedacht, vielleicht ist er aber ebenso ein Gleichnis der frühkindlichen Entwicklungsphasen. Daß der Engel sein Gesicht nicht der Zukunft, also der Geschichte, zuwendet, sondern dem Paradies, und daß dort und nicht in der Geschichte sich Katastrophe um Katastrophe ansammeln, hat die historisch-materialistischen Interpreten der Benjaminschen Allegorie immer wieder in Verlegenheit versetzt. Als Entzifferung der psychischen Entwicklungen erscheint sie allerdings gerade in dieser Formulierung unmittelbar einleuchtend. Es ist vielleicht gar nicht ganz unplausibel, wenn wir annehmen, daß Walter Benjamin, der sich dem historischen Denken nur mühsam näherte, aber eine feine und tiefe Intuition für alles Kindliche hatte – wie nicht zuletzt seine „Berliner Erinnerungen" und die darin enthaltene Reflexion über das „bucklichte Männlein" ausweisen –, mit seiner schönen Interpretation mehr eine seelische als eine geschichtsphilosophische Wahrheit ausgesprochen hat.)

Zwei elementare Pole tragen die Selbstliebe eines Kindes: „sein ursprünglicher Narzißmus und das pflegende Weib" (Freud). Wir haben gesagt, daß entsprechend dem natürlichen Entwicklungsstand der kindlichen Triebformen immer reichere und vollständigere Objektbeziehungen aufgebaut werden, während der ursprüngliche Narzißmus verlassen werden muß. Das Verhältnis zwischen Trieb und primärem Narzißmus ist ein antagonistisches (Grunberger). Das eine kann sich nicht entfalten, wenn das andere nicht zurücktritt, und wo der Narzißmus nicht bezwungen wird, da bleibt die Welt – wie in der Psychose – objektlos, leer und fremd.

Das „pflegende Weib", das die ersten Stufen der Welterfahrung durch seine Berührung und Sorge hervorruft und zugleich durch seine umhüllende Harmonie und Sättigung den Narzißmus am Leben erhält, ist die Voraussetzung dafür, daß der schwierige Übergang zur Welt der Objekte überhaupt gelingen kann.

Erst in der darauffolgenden Entwicklungsstufe wird allmählich die Unterscheidung zwischen „Ich" und „dem Anderen", zwischen „Innenwelt" und „Außen-

welt" erlebt. Dann setzen die Regungen von Selbst-
bewußtsein in einer der äußeren Welt entgegengesetzten
und zugleich auf sie angewiesenen Art und Weise ein.
Dann entfaltet sich eine widersprüchliche Aufspaltung
von Narzißmus und triebgebundener Welterfahrung bei
gleichzeitigem Angewiesensein auf die Welt der
Objekte.

Rudimentär ist dies in der Beziehung zur Mutter
bereits vorgeprägt. Rene Spitz hat in seinen Untersuchungen festgehalten, daß das Neugeborene und das
Kleinkind bei der Nahrungsaufnahme, beim Saugen an
der mütterlichen Brust, den intensiven Blickaustausch
mit der Mutter suchen. Wer diesen Vorgang zwischen
Mutter und Kind einmal aus einer gewissen geschützten
Entfernung in Ruhe betrachtet hat, wird sich der besonderen Verführungskraft dieses Ineinander von zwei
Menschen, die in einer symbiotischen Beziehung sind,
nicht entziehen können, vergleichbar ist dies allenfalls
einer glücklichen Verliebtheit.

Es scheint, als tauche der Blick des einen in den des
anderen ein, und in der Tat, so Spitz, sucht und spiegelt
das Kleinkind sich selber, seine Gefährdung, sein Aus-
gesetztsein und sein noch im primären Narzißmus ver-
schwommenes Selbst in den Augen der Mutter, es versucht, sich und seine seelischen Anfänge in dieser
Spiegelung zu konturieren.

Hier im direkten Sinn „prägt sich" ein beginnendes
Selbst-„Gefühl" ein. Eines, das noch kein Bewußtsein
ist, weil es noch keine Welt und keine Objekte kennt,

aber doch schon eine Ahnung einer Welt außerhalb seiner selbst empfindet – einer Welt der „Anderen", deren
ungeordnete Existenz nur durch das triumphale Wiedererkennen des „Eigenen" im liebevoll umhüllenden mütterlichen Blick erträglich wird.

Zugleich aber ist die Mutter dasjenige Liebesobjekt,
von dem sich ein Kind zum ersten Mal in seinem Leben
im Stich gelassen fühlt, bei dem es zum ersten Mal
erfährt, daß es ein von aller Welt getrenntes Wesen ist.
Im Erleben der Mutter – der realen und ihres innerlichen
Bildes – lernt es neben dem symbiotischen Glück auch
den Schmerz der Autonomie kennen.

Weil der Konflikt, den ich hier in Worte zu fassen versuche, sich in Sprachlosigkeit austrägt, finden wir ihn
bei den Künstlern weitaus beeindruckender dargestellt
als in der psychologischen Fachliteratur. Das Doppelgesicht des Mütterlichen! „Mutter, Ursprung der Hei-
ligkeit und Ursprung der Hölle", schrieb Pasolini, ver-
gleichbare Formulierungen finden wir bei Baudelaire.
Selbst Adalbert Stifter, von dem verrätselt abgerissene
Textfragmente eigentlich nicht zu erwarten wären, hat
die frühen Erfahrungen, von denen wir hier so nüchtern
und umständlich zu sprechen versuchen, in Metaphern
gefaßt. Er schreibt: „Dies muß sehr früh gewesen sein,
denn mir ist, als liege eine hohe weite Finsternis des
Nichts in mir ... dann war etwas anderes, das sanft und
lindernd durch mein Inneres ging: Es waren Klänge.
Dann schwamm ich in etwas Fächelndem, ich schwamm
hin und nieder, es wurde immer weicher und weicher in

mir, dann wurde ich trunken, dann war nichts mehr …
dann war Jammervolles … dann dunkle Flecken in mir."

Es würde wohl so sein, daß jede Triebfrustration,
jeder Hunger und jeder Schrei in ein psychotisches
Nichts abgleiten würden und ihm nicht wieder zu
entreißen wären, wenn jener ursprüngliche Narzißmus,
der sich in der Osmose des Mutterleibes bildete und in
der halluzinatorischen Suggestion eines symbiotischen
Umsorgtseins aufrechterhalten wird, das Kind nicht
auch in dieser Einsamkeit auffangen würde. Es würde
andererseits keine Eigenheit des Selbst, kein „Ich",
geben, wenn die Suggestion der Symbiose nicht irgendwann aufgegeben werden müßte.

Das verlorene Paradies – es steht am Ursprung unserer seelischen Entwicklung. Gäbe es das Paradies nicht,
gäbe es kein Bewußtsein. Gäbe es andererseits ein dauerhaftes Paradies, gäbe es wiederum kein Bewußtsein,
keine Wünsche, keine Symbole und keine Sprache.

So dunkel und schwer, oder in Stifters Worten, so
„weit und leer" ist also jener Anfang, an dem wir die
ursprüngliche Unterschiedslosigkeit zwischen innerer
und äußerer Wahrnehmung verlassen und uns der Welt
zuwenden. Wir finden auf der einen Seite einen infantilen Narzißmus, der sich von der Realität abwenden
möchte und mit jeder unausweichlichen Realitäts-
begegnung seine schmerzlichen Abhängigkeiten ken-
nenlernt und als Reaktion darauf Phantasien von
Allmacht und Allgegenwart in die Psyche einzeichnet.
Und wir finden auf der anderen Seite einen schwierigen,

aber unaufhaltsamen Prozeß der seelischen Reifung, durch den ein Kind sich der Welt zuwendet, sich von ihr nährt und an ihr wächst.

Je weiter ein Kind in der nun folgenden Entwicklung und Triebformung die „Verfügung über seine Impulse und Energien" (Grunberger) erwirbt, desto tiefer gerät es in Konflikt mit den primären narzißtischen Gefühlen. War in der Zeitlosigkeit des Fötus und dem Umsorgtsein des Neugeborenen noch keine Triebregulation möglich, weil die säuglingsselige Undifferenziertheit der Triebe mit den narzißtischen Gefühlen zu einer Gesamtheit von Empfindungen verschwamm, die als vollständige Harmonie empfunden wurde, so treiben nun, in der Ausdifferenzierung der Triebformen, die narzißtischen Gefühle und die Triebstrebungen auseinander.

Das Narzißtische wird aus den Reifungsprozessen der Seele in gewisser Weise ausgeschlossen, weil es, anders als die plastischen formbaren Triebe, zu keiner Anpassungsleistung fähig ist, es bringt sich aber, wie wir noch sehen werden, im weiteren Verlauf der Entwicklung kräftig in Erinnerung

Triebe sind aktiv *und* veränderlich. Die Verführung, die von einem Gegenstand ausgeht, lockt, das Kind greift oder „patscht" ungelenk nach ihm, der Gegenstand fällt zu Boden oder wird ihm entrissen ... In solchen Momenten spürt ein Kind zugleich mit seinem triebhaften Verlangen den Zwang zum Verzicht. Zug um Zug wird es von nun an über Frustrationen und Kränkungen und ebenso über die „immer zu spät eintreffenden"

Befriedigungen lernen, daß es eine Trennung zwischen Innenwelt und Außenwelt gibt, daß beide nicht, wie es im symbiotischen Zustand scheinen mochte, eines („einig") sind.

Der Triebimpuls führt ein Kind aus den passiv-versorgten Grundgefühlen heraus. Energien und Spannungen treiben es an, es „vermag bei keiner hergestellten Situation zu verharren", wie Freud sagt, sondern „drängt, nach des Dichters Worten, ungebärdig voran" (Mephisto).

Nach jeder Erfüllung, die das Drängen immer nur kurzzeitig stillstellt, erst recht nach jeder Kränkung greift es wieder und wieder, unruhig und hartnäckig, nach diesem oder jenem begehrten Objekt. Oder sucht, wenn dieses unerreichbar scheint, nach einem anderen, einem Ersatzobjekt, an dem die plastischen Triebe ihre relative Befriedigung erfahren. (Freilich ist in der Rastlosigkeit des triebhaften Geschehens bereits etwas von seiner grundsätzlichen Unerfüllbarkeit spürbar.)

Die narzißtischen Urgefühle dagegen wollen sich mit der realen Welt nicht abfinden. Sie sind unversöhnlich, von unversöhnlicher Passivität. Sie treiben einen Keil in das unfertige Selbst, dessen psychischer Aufbau dadurch immer komplexer und widerspruchsreicher wird.

Auf diesem Keil, oder, besser gesagt, dem zwischen Trieben bzw. Triebbindungen und den narzißtischen Urgefühlen eingeführten „Riß", bauen sich nun die Konturen eines inneren „Ideals" auf. Es strebt zurück in einen befriedigenden Urzustand und projiziert, da dieser ewig unerreichbar bleiben wird, zugleich dessen

Befriedigungsformen idealisierend auf die jeweilige Objekterfahrung.

Jede Objektbegegnung ist fortan unzureichend, jede am Objekt erfahrene Befriedigung ist nur mühseliger Ersatz für jene fließend einige Nicht-Objekt-Welt, aus der die Wünsche entsprungen sind. Gemessen an den Maßstäben des inneren „Ideals", ist die Beschaffenheit der Objektwelt ebenso wie jegliche Begegnung in und mit ihr verfehlt. Das begehrliche Selbst ebenso wie der Zustand der Objektrealität entbehren der Vollkommenheit, die als Maß auf allem lastet.

So erscheint die Welt nach diesem inneren Standard als unzureichend, das strebende Ich aber auch. Was immer ein Mensch tut und was immer er erreicht – es wird ihn vor seiner innersten Instanz niemals rechtfertigen. Denk- und Gefühlsfiguren, die in der Lutheranischen Auslegung des Paulus („der Mensch wird nicht gerecht durch seine Werke") ebenso präsent sind wie in Kafkas Darstellungen der leidenden Subjekte. Sie alle unterwerfen sich einem unerreichbaren Ideal, einem „abwesenden Gott". Dieses Ich-Ideal, das die Welt prüft und für zu leicht befindet, das das Ich prüft und seine Handlungen verwirft, ist die Grundlage des Gewissens. In seinem Vollkommenheitsstreben ist es der Selbstreflexion und dem Wirken der Vernunft entzogen.

Das Ich-Ideal, oder – wie Freud später sagt – das „Über-Ich", ist eine Instanz *im* „Ich" und zugleich getrennt von ihm. Das Wirken der Vernunft, das sich in der Aneignung der Objektwelt spiegelt und sich nur in ihr begreifen kann, umfaßt diese paradoxe innere Struktur niemals ganz. 50 Jahre vor Freud hat Schopenhauer dasselbe Scheitern der Vernunft bereits beschrieben: Die Wirksamkeit der gedanklichen Werkzeuge zerbricht an einer geheimen innersten Widersprüchlichkeit. Der Weg der Vernunft endet nicht – wie die klassische Philosophie noch erwartete – im totalen Geist, totalen Ich, sondern in einer nicht entschlüsselbaren finsteren Immanenz. Man denkt dabei nicht zufällig an Joseph Conrads „Herz der Finsternis". Dieses philosophisch-literarische Gedankengefüge hat Freud mit der Theorie des Narzißmus konkreter gefaßt, in den Entwicklungsphasen und der Struktur des Psychischen verortet.

Das Ich-Ideal ist die Ursache dafür, daß in allen Wünschen und Bindungen, mit denen sich das Selbst auf die Welt der Gegen-Stände einläßt, ein gegenläufiges Moment spürbar wird: eine Tendenz zur Auflösung sämtlicher Objekterfahrungen und -bindungen, eine Triebkraft hin zur Rückführung in die Undifferenziertheit und Weltlosigkeit des frühesten seelischen Erlebens.

15. Im Schlaraffenland der Seele. Am Anfang des seelischen Lebens steht ein Urbild von Harmonie und Undifferenziertheit, das eng liiert ist mit dem „später hervortretenden Wunschbild der völligen Unabhängigkeit" (Grunberger). Dies bleibt als seelische Spur in jedem Menschen und wohl auch im Menschheitsgedächtnis insgesamt enthalten. Die vielfachen Le-

genden vom „verlorenen Paradies" sprechen ebenso davon wie das Märchen vom Schlaraffenland.

Selbst die märchenhafte Metaphorik ist allerdings in sich zwiespältig und kündet von einer vermutlich ungewußten Weisheit über das doppelgesichtige Wesen des narzißtischen Traumes: Die gebratenen Tauben des Schlaraffenlandes fliegen in den weitgeöffneten Mund des Schläfers, er nimmt nicht wahr, daß er gefüttert wird, und nimmt also auch die „lange Weile" des Bedürfnisaufschubs nicht wahr, die Differenz zwischen Wunsch und Wunscherfüllung.

Das sind ja gerade die Unerfüllbarkeit und das Unglück der narzißtischen Sehnsüchte: Sie wollen Wunsch und Befriedigung gleichzeitig, und das heißt nun nichts anderes, als daß es eigentlich gar keine Wünsche geben dürfte. Auch keine Dinge oder Menschen, die vom narzißtischen Selbst unterschieden sind (andererseits erst durch ihre Eigenarten in die Lage versetzt sind, Wünsche zu befriedigen). „Alles" dürfte es nicht geben! Das Nichts – es steht zugleich und neben der totalen Wunscherfüllung am Ausgang des narzißtischen Traums, wir werden beides in der Dramaturgie und Ästhetik der Computerspiele wiederfinden.

Sowenig, wie sich das narzißtische Gefühl in den psychischen Entwicklungsstufen manifestiert, können wir den narzißtischen Traum mit den Mitteln der Sprache erfassen. Wenn wir beispielsweise vom Paradies reden, dann meinen wir immer einen Ort, an dem alle Wünsche „vollständig" befriedigt sein werden. Das ist schon das Äußerste an Erfüllung, das wir ausmalen können. Wie unbeholfen wir mit unserer Vernunftsprache sind und wie weit entfernt wir von den Ahnungen bleiben, die im Traum und in manchen still konzentrierten Lebensmomenten (Nietzsches „Stunde des Mittags") in uns anklingen!

Im Märchen ist die Rede von einer Wunschwelt, in der der glückliche Bewohner schon müde vom Sattsein ist. Er hat keine Wünsche mehr, aber sein Mund steht weiterhin offen, und die gebratenen Tauben fliegen hinein, er spürt es nicht! Gesättigt und unabhängig, mächtig wie der Fötus, der den Mund nicht öffnen muß, um zu bekommen, was er zur Aufrechterhaltung seines Lebens und zur Stillung seiner Bedürfnisse braucht, so liegt er mitten im Paradies und ist nun eines und einig mit seiner Bedürftigkeit und seinen Wünschen.

Allerdings stößt sogar das Märchen mit seinen schlauen Motiven an eine Grenze der Darstellbarkeit. Wer das Schlaraffenland aufsuchen will, muß bekanntlich zuerst eine Aufgabe bewältigen, keine leichte. Er muß sich durch einen gewaltigen Berg aus Reis hindurchfressen. Die Erreichung des narzißtischen Wohlgefühls ist selbst in der märchenhaften Wunschphantasie noch mit Mühe verbunden: der Mühe, das Tagesbewußtsein und die vernünftige Alltagswelt zu verlassen und fressend, schluckend und zuletzt todmüde in den paradiesischen Zustand einzukehren, zurückzukehren. Die Rede ist von der

Mühe der Regression. Erst nachdem das taghelle Bewußtsein geschwunden ist, ist jene Totalität der Befriedigung zu erreichen, die das säuglingsselige Glück aus-
zeichnet. Erst nach dem Verlust seiner selbst wäre Narziß endlich glücklich: schlafend, gesättigt, wunschlos.

Ungeschiedenheit und Undifferenziertheit, sagten wir,
sind die Motive jenes Urbildes. Zu ihnen gehören die
Zeitlosigkeit und die Raumlosigkeit, die Nicht-Wahr-
nehmung des anderen und letztlich die Nicht-Wahr-
nehmung des Selbst: ein Universum, das ausschließlich
aus sich und in sich existiert. Nicht einmal in den alle-
gorischen Bildern eines Märchens läßt es sich ohne die
Umwege des Tuns und der Mühseligkeit ausmalen.

Vermutlich gibt es gar keine konkrete Vorstellung von
dem totalen narzißtischen Glück, nur seine schwer
faßliche Erinnerungsspur, die sich quer durch unsere
Empfindungen zieht. Aber beginnen wir bei der
Verwendung von Worten wie Zeitlosigkeit, Universalität, Ungeschiedenheit usw. nicht zu ahnen und werden hoffentlich im weiteren Verlauf noch genauer verstehen, daß die digitalen Bilder auf den Monitoren dieser Universalität und Zeitlosigkeit ganz nahe kommen
und ihr mit jeder technischen Perfektionierung einen
Schritt näher rücken …?

16. **Narzißmus und Destruktion.** Wir haben
gesagt, daß die selbstgenügsamen, in sich befan-
genen narzißtischen Empfindungswelten gerade da-

durch aufgestört werden, daß die Triebe mit ihren Strebungen hinein in die Welt der verführerischen Dinge die ursprüngliche Einheit des narzißtischen Gefühls aufbrechen. Warum also gibt es überhaupt eine Bindung der Urgefühle an die unruhigen Triebe, warum dieses Drängen, das die Innenwelt aufbricht?

Eine befriedigende Antwort auf diese Frage finden wir auch bei Freud nicht, außer natürlich den Hinweis, daß die Maßlosigkeit und die Verleugnung existentieller Abhängigkeit, die in den narzißtischen Gefühlen vorherrschen, das biologische Dasein auslöschen würden. Hier zeichnet Freud – allein durch die Tatsache, daß er die Frage überhaupt stellt und damit den Anschluß an die Philosophien eines Schlegel und Schopenhauer sucht – in Umrissen eine allgemeine tragische Verfassung des menschlichen Glücksstrebens, das im letzten nur unter Preisgabe seiner körperlichen Existenz ganz zu erfüllen wäre.

Freud hat bekanntlich in seinem Spätwerk melancholisch angemerkt, daß „Glück im Schicksalsplan des Menschen nicht vorgesehen" sei. In der „Einführung des Narzißmus" heißt es in einem der wenigen „dunklen" Sätze, die Freuds Schriften enthalten, daß „etwas *in der Triebausstattung selber*" dem „vollkommenen Glücksempfinden" entgegenstünde.

Die Nötigung, sich von primären Gefühlen ab- und den Objekten zuzuwenden, läßt sich nicht weiter aufhellen, außer in solchen Begriffen, die bereits die

Entwicklung der psychischen Struktur (Bedürftigkeit und Wunsch, Selbsterhaltung) voraussetzen. So bleibt auch Freud in den letzten Abschnitten der „Einführung des Narzißmus" widerspruchsreich. Er setzt das Erreichen einer reifen, objektbezogenen seelischen Struktur als verbindliches Ziel, als sei es eine anthropologische Konstante und sowenig zu befragen wie ein Naturgesetz. Dabei ist ihm, wie er an anderen Stellen zeigt, durchaus bewußt, daß, wie ein ungelöstes Rätsel, der seelische Preis unerklärt bleibt, der für solche Integrität und Realitätsfähigkeit bezahlt werden muß. Diesen Widerspruch bringt Freud schließlich, resignativ, auf folgende Formel: „Ein starker Egoismus schützt vor Erkrankung, aber endlich muß man beginnen zu lieben, um nicht krank zu werden, und muß erkranken, wenn man infolge von Versagungen nicht lieben kann."

Immerhin wird so viel deutlich, daß am Beginn der Entwicklung eines autarken Selbst „Krankheit" steht, sie markiert fortan das Erscheinungsbild dessen, was wir als seelisch gesund annehmen. Freud hat, wohl wissend, daß dieser Stand der Überlegungen unbefriedigend bleibt, Zuflucht zu „des Dichters Wort" genommen, das die Paradoxie in wohlklingende und ironisch gemilderte Reime gießt. „Krankheit ist wohl der letzte Grund/ des ganzen Schöpferdrangs gewesen/ Erschaffend konnte ich genesen/ Erschaffend wurde ich gesund" (Heine).

Auf dieses grundliegende Dilemma antwortet nun die folgenreiche Re-Liaison von Trieben und narzißtischen

Empfindungen. Die Rückbindung des Narzißmus an das Triebgeschehen erfolgt als Reaktion auf die Kränkungen, welche die bedürftigen Triebe im Umgang mit den Objekten erleiden. Ich will auch diesen Vorgang kurz umreißen: Es gibt keinen einzigen Kinderwunsch, der nicht mit der Beschaffenheit der Welt in Konflikt geriete. Gewiß lernen Kinder, sich in ihrem Wünschen zu begrenzen, zu verändern, sind beweglich, flexibel, sie passen sich allen möglichen Gelegenheiten an.

Aber das Wünschen selber hört keineswegs auf. Im Gegenteil. Es wird unterhalb der Anpassungsbereitschaft immer heftiger, ausgreifender, radikaler, will nicht weniger, sondern mit jeder Versagung immer mehr und entfaltet dabei Allmachtsphantasien, die nicht die geringste Rücksicht kennen. Diese Hartnäckigkeit ist so zu erklären, daß, sobald ein triebhaftes Wunschempfinden gekränkt wird, das narzißtische Potential auf den Plan tritt, welches sich gegen *jede* Kränkung und Beeinträchtigung durch die Außenwelt auflehnt. Es stellt sich mit seinem Beharren auf ungeschmälerte Wunscherfüllung nunmehr in den Dienst der (gekränkten) Triebstrebungen. Diese, an der Realität gescheitert, vermengen sich – während sie zugleich in bestimmten Teilen dem Realitätseinspruch nachgeben – mit der fortdauernden Mächtigkeit der narzißtischen Empfindungen.

Das Gefühl von Allmacht, das kleine Kinder so ungeteilt zeigen und das wir „reifen" Menschen heimlicher und verschämter in uns tragen – es ist zum einen ein Echo aus der seelischen Frühzeit des Neugeborenen und Kleinkindes, in der das narzißtische Urgefühl uneingeschränkt vorherrschte; es ist zum anderen eine Folge der Kränkung von Triebwünschen, wobei die frustrierten Triebe in ihren Reaktionsweisen von dem rücksichtslosen und totalen Charakter des primären Narzißmus gespeist werden.

Damit ist also die zweite Stufe in der frühkindlichen Entwicklung erreicht. Waren in den Anfängen des Lebens die narzißtischen Gefühle noch objektlos, bildlos, vermengt mit einem Triebbündel eher unspezifischer Art, so sind sie nun vermittels der Trieberfahrungen und -frustrationen in ein neues Stadium getreten.

Behalten haben sie ihren inneren Hang zur Totalität, ihre Tendenz, in einer Befindlichkeit von Allpräsenz und Wohlgefühl passiv zu verharren, die Objektwelt aber, wo sie mit ihr in Berührung kommen, zu leugnen oder halluzinatorisch zu ersetzen und ihr schließlich, weil dieser suggestive Zustand auf Dauer nicht aufrechtzuerhalten ist, ein Selbstgefühl von Allmacht entgegenzuhalten.

Das kindliche Selbst träumt sich also im Verhältnis zur Welt weiterhin als allmächtig. Seine Bedürfnisse und Antriebe sind nun aber durch ihre Verbindung mit dem rücksichtslosen Charakter der oralen Triebe einerseits, durch die grundliegende und immer erneut aktualisierte „Kränkung" in der Begegnung mit der Objektwelt andererseits durchtränkt von destruktiven Energien, Vernichtungsbildern und -symbolen. Zu Teilen zielen die Wunschbilder und -symbole auf Verschmelzung, auf totale Harmonie – die symbiotischen Erfahrungen bringen sich in Erinnerung! Aber es sind eine Harmonie und Verschmelzung, die zu jeder Sekunde umschlagen können in einen aggressiven Akt. Weil Zeit in dieser untröstlichen und sehnsuchtsvollen Wunschlandschaft so gar nichts bedeutet, kann eines abrupt in das andere übergehen. Verschmelzungsphantasien wandeln sich mit erschreckender Plötzlichkeit zu Tötungswünschen, harmonische Bilder gehen in Vernichtungsträume über. Verschmelzung und Vernichtung sind einander psychisch so nah gerückt, daß sie gleichzeitig erlebbar erscheinen, ohne Abstand und Unterschied, als seien sie ein und dasselbe ... ganz ähnlich übrigens, wie es später in den dunklen Leidenschaften der erwachsenen Erotik und Sexualität wieder der Fall sein kann, wenn Tabus und die Vernunft erst einmal ausgelöscht sind – oder, um zu Freuds Vermutung, daß etwas im Triebgeschehen selber der Befriedigung im Wege stünde, zurückzukommen, als wäre das menschliche Begehren erst dort ganz an seinem Ziel angelangt, wo es zur Auslöschung des Selbst und der anderen übergegangen ist.

Die weichen symbiotischen Gefühle, die das Neugeborene in den Stand der Unverletzlichkeit versetzten, haben eine schmerzliche Entwicklung durchlaufen. Sie trafen auf den widerständigen Charakter einer ihnen fremden Welt, an der ihr beseligtes Gefühl der Einigkeit zerbrach. Sie spürten eine verzweifelte Abhängigkeit, als sie sich ihrer biologischen Konstitution bewußt wurden. Sie verbündeten sich schließlich mit dem oralarchaischen Charakter der Triebe, als diese gekränkt aus der Objektwelt zurückwichen. Sie nahmen Teile des oralen Charakters, seine Tendenz zur Einverleibung, in sich auf und stärkten damit ihren eigenen Hang zur Totalität, zur phantastischen Allmacht. Omnipotenz und Destruktivität, Allgegenwart und universale Zerstörung sind ihre innersten Phantasma: Ebendiese sind Bild und Klang und realitätsverdrängende Wirklichkeit geworden in den heroisch-destruktiven Szenarien der Computerspiele, in die der Spieler wie in eine empfindliche Landschaft aus Licht versinkt.

Vielleicht kann man die narzißtischen Gefühle – ungeachtet ihrer zerstörerischen Anteile – wie so vieles in der frühen Kindheit mit einer großen Liebe vergleichen. Auch von ihr bleibt selbst dann eine unbestimmte Sehnsucht, wenn die Erinnerung längst abgeklungen und scheinbar ganz erloschen ist. Aber in Momenten tieferer Empfindungen, beim Erleben großer Schönheit, bei einem Konzert, einer weiten Reise, dem Anblick des Meeres, ist sie plötzlich wieder „da": Es ist nicht so sehr die Sehnsucht nach einem bestimmten Menschen, auch nicht die nach dieser besonderen aufgegebenen Bindung, sondern Sehnsucht an sich. So darf man sich vielleicht auch die Wirksamkeit und die Präsenz des Narzißmus in allen Bereichen unseres reifen, triebgelenkten und vernunftgesteuerten Erlebens verdeutlichen: als eine nicht mehr identifizierbare seelische Spur, die dennoch alles Erleben durchdringt und mit ihren Inhalten tränkt.

17. Von Mythen und Göttern und digitalen Spielen.

Auf diesem Planeten leben, ohne Körper und ohne Wunsch, so beschrieb Ernest Jones den narzißtischen Traum. Ohne Wunsch, weil jeder Wunsch enttäuscht werden kann, ohne Körper, weil im Körperbewußtsein das umfassendere Allgefühl untergeht, omnipotent und grenzenlos. Seine Erfüllung ist freilich den Göttern vorbehalten. Vielleicht noch den Zauberern, Hexen oder Feen; magischen Gestalten, die unverwundbar sind, während für den Menschen gilt, daß ihn jeder Wunsch und jede Hoffnung verletzlich machen. Mythische Gestalten und Heroen haben eine Haut aus Unverletzlichkeit, die Stärke eines Herkules oder einer eisernen Maske, wie sie die böse Vaterfigur in „Star Wars" trägt, die ihr Gesicht, den Ausdruck ihrer Augen und ihrer Begierde hinter abweisendem Metall versteckt.

Heroen und götterähnliche Wesen fliegen durch die idealisierenden Träume der Kinder, sie irren ebenso durch die Welten der Computerspiele. Das ist nicht zufällig so. Die Landschaften der nahen und zugleich fernen Welten der Computerspiele sind aus lauter gerechneten Bildpunkten zusammengesetzt: beschleunigte Rechenvorgänge, die in elektronische Signale übersetzt und in Bild-, Laut-, Farbpartikeln sichtbar gemacht werden und dabei vor unseren täuschbaren Augen so erscheinen, als kämen sie von nirgendwo her (und in einem gewissen Sinn tun sie es ja auch!), die vor uns auftauchen wie Bilder aus einem Traum oder direkt aus dem Unbewußten.

Diese zunächst rein technisch affizierte Verwandtschaft von Traum, Symbol und Magie rückt die Erlebnisweisen der Kinder und Jugendlichen – und nicht nur ihre! – mit oder „in" den Computerspielen auf besondere Weise in die Nähe von entwicklungsmäßig frühen, prä-reflexiven Vorgängen.

Nicht planmäßig, sondern intuitiv haben sich die Industrie und ihre jungen Programmierer auf diese vorbewußte Empfänglichkeit und Verführbarkeit eingestellt – einer Mediengeschichte folgend, die mit dem Simulacrum und der Telegrafie begann, heute bei Simulationsspielen im elektromagnetischen Übertragungsfeld des weltweiten Netzes angelangt ist –, wobei die Orientierung an den älteren Medienhelden in Film und Comic unübersehbar ist. In den Computerspielen tummeln sich die Heroen, die unverletzlichen, und haben wie selbstverständlich Umgang mit allen mystischen Kreaturen. Diese Computerspiele sind Wunscherfüllungen.

Darin unterscheiden sie sich zunächst einmal nicht prinzipiell von den Kino- und Comic-Helden, von James Bond oder Tarzan, dem dunklen, mächtigen Dr. Mabuse aus den Medienfrühzeiten des Kinos oder von den

144

Marvel-Figuren aus den 70ern (die den computeranimierten Gestalten am ähnlichsten sind). Und doch gibt
es einen Unterschied, der sofort auffällt und zu weiteren
Überlegungen Anlaß gibt: Merkwürdigerweise fehlt diesen „digitalen" Helden eine konturierte, klare Objekt-
haftigkeit. Das überrascht zuerst, denn Eindeutigkeit
und Erkennbarkeit sind ja eigentlich die Voraussetzung
dafür, daß eine Identifikation mit Potenz und Unfehl-
barkeit des heldischen Objekts überhaupt möglich wird.
Je eindeutiger und umrissener, je „kenntlicher" ich eine
Figur vor mir habe, desto leichter fällt mir doch die
Identifikation mit ihr, ihren Gesichtszügen und Gesten,
ihrer Reaktionsschnelligkeit, ihren Triumphen … aber
so ist es hier nicht.

Die Helden in den Computerspielen sind vielmehr
seltsam unbestimmt. Sie haben kein oder nur ein sche-
matisches Gesicht, kaum eine beschreibbare Identität
(Lara Croft hat kein Schicksal!), sie wechseln manchmal ihre Gestalt, wechseln die Zeiten, in denen sie leben
und herrschen, in denen sie sterben und wieder auferstehen; unverwundbar sind sie also nicht, aber sie kommen aus einer anderen Welt.

Meine an den Anfang gestellte Skizze der narzißtischen „primären" Gefühle liefert uns eine erste
Erklärung für diesen Sachverhalt: Gerade das Randlose,
Verschwimmende oder, wenn man so will, „Entglei-
tende" der computerisierten Figuren und Szenen korrespondiert mit dem Objektverhalten des Narziß. Jedes im

Spiel auftauchende Objekt wird berührt, „angeklickt", nur, um es verschwinden zu lassen, um es als Widerstand aus der Welt zu schaffen, während der Heroe schon weiter durch den virtuellen Raum jagt, neuen gefährlichen Objekten entgegen. Diese Art der Objektberührung ist exakt das Gegenteil von dem, was wir als „Wahr-nehmung" anerkennen würden. Hier, im symbolischen Raum, wird die *Überwindbarkeit* der Objekte zelebriert. Wo Objekte mit solcher Leichtigkeit weggeschoben oder gar „ausgelöscht" werden, da ist keine Erfahrung mit ihnen möglich. Sie wäre in diesem Szenarium auch gar nicht plausibel. Im Gegenteil, gerade die Erfahrungsleere, die Wirklichkeitsferne, aktualisiert die narzißtische Phantasie von Omnipotenz. Und die ist befriedigender als jedes realitätsbezogene Erlebnis sein könnte. Dem entspricht konsequenterweise das Erscheinungsbild der Spielhelden: sie sind funktionstüchtig, überlebensgroß, unberührbar. Sie sind Kampfmaschinen von enormer Effektivität und ungenauer („schillernder") Präsenz. Jede an menschliche Realität erinnernde Eigenart würde die von ihnen ausgehende Faszination des glatten und totalen Funktionierens nur mindern.

Auf diese Weise, so kann man weiter vermuten, eröffnet sich für das Größen-Selbst des kindlichen oder jugendlichen Spielers ein Möglichkeitsraum, dessen Wirkungen von keinem Realitätseinspruch gestört werden. Ein kontingenter Erfahrungs- und Phantasieraum, in dem es keine Trennung zwischen narzißtischem Ideal und spielendem Ich gibt. Das Ich ist, solange es im virtuellen Raum verweilt, mit seinem Ideal versöhnt.

Die Bilder in den Computeranimationen sind nur auf den ersten Blick relativ konkret, sie sind immer mehr und anders als dieses oder jenes Benennbare, mehr als diese Landschaft, diese Bewegung, diese Figur. Sie sind gleichzeitig die Auflösung, das Zerfließen von Bild, Figur, Landschaft. Ihre punkthafte Darstellung auf dem Monitor erzeugt eine seltsam unbeständige Wirkung, wodurch die technische Tatsache, daß diesen Bildern jegliche Notwendigkeit einer Realitätsbindung und -orientierung fehlt, ästhetisch unterstrichen wird. Aus alldem ergibt sich die paradoxe Eindruckstiefe der eiligen Bilder.

Sie werden ja auch nie geduldig angeschaut. Kein Spieler vergeudet seine Zeit mit Betrachtungen. Sie werden vielmehr aufgerufen und sogleich wieder aufgegeben, weitergetrieben und in Bewegungen übersetzt, schnelle Bewegungen, aus denen dann andere Bilder, andere Orte, andere Gefahren hervorgehen, die ebenfalls wieder aufgegeben werden. Ein Spieler, der bei den Bildern verweilte, würde sehr bald aus dem Spiel herausstürzen; die Konzentration wird statt dessen gepolt auf Geschwindigkeit, Lichtwirkungen, Perspektiven (eine *turbulente Konzentration!*) ... Es gibt – außer vielleicht in der Musik – kein anderes Medium, das so unmittelbar über rein ästhetische Vorgänge Reaktionen und Spannungen in Gang setzt und den Spieler in einen

Wahrnehmungszustand versetzt, in dem – wie in den
narzißtisch-halluzinatorischen Wunschbildern – das Ich
und seine Konstanz und seine Ordnungsvorstellungen
zurücktreten und einen leeren Raum eröffnen ...

Derselbe leere Raum tut sich auch vor dem Benutzer
des weltweiten Netzes auf, wenn er seine Botschaften
als transformierbare Signale in die Nacht hinaussendet,
in die Anonymität der Chatting-Groups, oder wenn er
Wissensbestände von diesem oder jenem Kontinent auf-
ruft und sich selber, seine Neugier, seine Kontaktlust,
seinen Wissensdrang und sein Alleinsein ausdehnt in
eine nicht definierbare Raumordnung – auch dann bestehen die Faszinationskraft und Eindrucksfülle und dieser
oft beschriebene Sog, der die Zeit vergessen läßt, darin,
daß nichts von dem, was geschieht, objektbeständig ist,
nichts ist fixierbar, feststellbar, nichts läßt sich festhalten. Alle Besonderheiten dieser Kommunikationsweise
lassen sich letztlich auf einen einzigen Punkt zurückführen: Ob es die Transformierbarkeit der Zeichen ist,
ihre magische Präsenz, die Vertauschbarkeit aller
Signale in verschiedenartige Darstellungsformen –
jeweils wird das Objekt als konkretes Ding, als feste
Größe, als Masse im Raum negiert.

Die Kommunikationen ebenso wie die Spiele gleiten
durch jede materiale Widerständigkeit hindurch. Super-
Mario springt ein ums andere Mal in einen Spiegel hinein, um hinter, nein *in* ihm, in einem Nirgendwoland,
seine Abenteuer zu bestehen. Yoshi filmt die Aktionen

eines Spieles von außen und ist gleichzeitig selber im Geschehen anwesend, die Perspektiven verschieben sich und erzeugen eine eigenwillige Räumlichkeit, die es im Realen nicht geben kann. Zwei Beispiele, jeder Spielerfahrene kann unzählige weitere hinzufügen. Zeitdimensionen, die übersprungen, räumliche Ordnungen und Grenzen, die negiert werden müssen, um dem Feind zu entwischen, Mauern, die sich, wenn sie durchstoßen werden, in nichts auflösen und so vieles mehr. In diesen Spielen wird die Welt als etwas Scheinhaftes genommen.

Die Darstellung der Objekte im digitalen Medium entspricht dieser Scheinhaftigkeit. Nichts ist unveränderlich, nichts ist stabil. Alles, was in „Erscheinung" tritt, läßt sich mit einer kleinen Berührung der Maus, einem Klick, wieder aufheben. Dann zeigt sich, daß neben und zeitgleich mit dem soeben Erschienenen unendlich mehr „da" war, ebenso verfügbar, ebenso real oder nicht-real. Das ist in den vielschichtigen, mit jedem Spielablauf wieder veränderten Computergames ebenso wie im Internet, wo jede Information von anderen, ergänzenden, konterkarierenden Informationen umgeben ist. Wir haben eben davon gesprochen, daß in der Spielrealität die Widerständigkeit der Objekte (des Nicht-Ich) aufgehoben scheint und die narzißtischen Omnipotenz-Träume erlebbar gemacht werden. Jetzt können wir außerdem von der *Unerschöpflichkeit* der digitalen Welt sprechen, die mit den primären Gefühlen korrespondiert.

Was als Objekt existiert, steht allein wegen seines objekthaften Da-seins im Gegensatz zum primärnarzißtischen Traum der Allgegenwart („alles ist ich"). Der Narziß will alles, und alles, was wirklich „da" ist, ist nicht genug. Die im virtuellen Feld eröffnete Möglichkeit nun, daß neben und hinter dem „Da-Sein" immer noch mehr, noch anderes und Unbekanntes abzurufen sind, *tröstet* seine Unersättlichkeit. Diese suggerierte Überfülle hält ihn am Monitor, in den Spielen und Kontakten fest, oft stundenlang, nächtelang.

In der Darstellung der narzißtischen Wunschbilder haben wir auch festgehalten, daß im narzißtischen Geschehen harmonische Verschmelzungen urplötzlich in Vernichtungsphantasien übergehen, ja, daß beides zugleich erlebt werden kann. Dies ist die dunkle Seite des narzißtischen Traumes. Auch sie finden wir spiegelbildlich in den Computerspielen wieder, und zwar besonders ausgeprägt unter denjenigen Spielen, die unter Kindern und Jugendlichen einen „Kult-Status" erreicht haben (und vermutlich aus ebendiesem Grund in schöner Regelmäßigkeit und Folgenlosigkeit indiziert werden). Ein Blick in irgendein Computermagazin reicht aus, um eine Fülle von Spielen nach dem immergleichen Muster zu entdecken. Lustvoll verliert sich der spielende Heroe in eine Welt von prädikatlosen Objekten, Linien, Farben, Bewegungen – bis mitten hinein in diese Traumgegend und Nicht-Ich-Welt die ganze Totalität der narzißtischen Destruktion einbricht: Kampf und Vernichtung und Desaster, und immer im universalen Maßstab, bei denen zuletzt allesamt, Heroen und Gegenspieler, Sieger und Besiegte, mit der gewalttätigen Plötzlichkeit eines tödlichen Lichtstrahls ausgelöscht und in eine nur in diesem Medium so darstellbare Nicht-Existenz transformiert werden, spurlos, ohne Rest.

Ich schrieb, der Verlust der primären Gefühle sei ein Schmerz, der die Ich-Autonomie wie ein Schatten begleitet. In den virtuellen Räumen werden die Schatten lebendig. Der frühkindliche Narzißmus verleibt sich nach der Geburt, dem Sturz in die Realität, zunächst die Objekte zur Stützung seines inneren Gleichgewichtes ein. Er duldet dabei keine Grenzen in Zeit und Raum. Dieser Objektcharakter, so sahen wir, muß schmerzlich aufgegeben werden. Eigentlich hätte das neue Wesen eines fließenden, eines für seine symbiotischen Empfindungen offenen Charakters der Objektwelt bedurft. Angetroffen werden statt dessen die Härte der Materie und ihre abweisende Kontur. Niemand hat es darauf vorbereitet, daß es in einer nicht „einigen" Welt existieren wird. So kommt es zum zweiten Trauma nach der Geburt. Wenn sich nun also mit Hilfe der neuen Technologien urplötzlich Erlebnislandschaften und Kommunikationsfelder auftun, die den harten, widerständigen Charakter der gegenständlichen Welt zeitweise widerrufen – sollten dann die zurückgedrängten archaischen und narzißtisch-untröstlichen Wunschanteile nicht nach ihnen greifen wie nach einer unvergleichlichen Befreiung?

Alte Wünsche, längst zugeschüttet und unter Enttäuschungen vergraben und verschoben, gewinnen neue
Kraft, ihre Energien flammen wieder auf und verknüp-
fen sich mit dem spielenden Ich, solange es sich in virtuellen Erlebnisräumen aufhält. Im Umgang mit diesen
aus dem Geist der Mathematik geborenen Licht-
Objekten enthüllt sich eine Sehnsucht, die uralt ist. Die
Legenden vom Schlaraffenland und von den verlorenen
Paradiesen, die mystischen Texte und Überlieferungen
sprechen davon, sprechen genau besehen *nur* davon: von
der Sehnsucht nach einer Welt ohne Objekte oder „vollkommen anders" beschaffener Objekte. Darin liegt letztlich auch das Geheimnis der digitalen, elektronischen
Faszinationen.

18. **Skills und thrills.** Eine 1998 vorgelegte Studie
der Unesco, in der der Entwicklungsstand der
digitalen Medien weltweit untersucht und ihre Aus-
wirkungen auf Familien und Bildungssysteme themati-
siert wurden, kommt neben vielen anderen interessan-
ten Details zu folgendem Ergebnis: In denjenigen
Ländern, in denen, wie etwa in den USA, Japan,
Westeuropa, die technische „Versorgung" mit digitalen
Medien umfassend ist – Computer im Beruf und weitgehend in den Schulen, hohe Präsenz von Computern in
den Haushalten, Vertrautheit vor allem der Kinder/
Jugendlichen mit anderen digitalen Apparaten wie CD-
Player, Play-Stations, Musikvideos auf mehreren TV-

Stationen, Nähe von Kinos –, macht sich bei den Freizeitgewohnheiten und -bedürfnissen der Kinder und Jugendlichen eine in ihren Folgen kaum zu überschätzende Veränderung bemerkbar: Sie suchen, oft auf extreme Weise, den Freizeit-Thrill, das mit Angst durchsetzte Lustempfinden, das Grenzüberschreitende. Die empirischen Befunde interessieren im Detail weniger als die Tatsache, daß vermittels der Erlebnisästhetik digitaler Medien offenkundig ein Einstellungstypus befördert wird, der bislang in der Psychologie zwar bekannt, aber wenig erforscht ist, nicht zuletzt deshalb, weil er eine ganze Reihe von methodischen Fragen aufwirft.

Die Suche nach Entgrenzung der eigenen Erfahrung, das Abenteuer jenseits des Alltäglichen, die tendenzielle Auflösung der selbstbestimmten Vernunft – alles Versuchungen, die natürlich nicht ganz neu sind. Wir finden sie auf jedem Jahrmarkt. Die beschleunigten Karussells, die den Gleichgewichtssinn außer Funktion setzen, die pure Geschwindigkeit, eingetaucht in heftige Lichtwirkungen und massive Lautstärke, die die Sinne schwinden läßt … alles, was sensationell wirkt, ist lustvoll.

Der Psychoanalytiker Michael Balint hat für diesen Charaktertypus eine überaus gelehrte, aber einprägsame Bezeichnung gefunden, er spricht vom „Philobaten" (Balint leitet das Wort vom „Akro-baten" ab – dem in die Höhe Springenden, dem Spielerischen, der sich von der Erde abhebt …). Gemeint ist der einsame Narziß, den ich in Abschnitt 13 erwähnte. Sein wesentliches

Merkmal, das ihn von allen Charaktertypen, die in der Psychologie beschrieben werden, unterscheidet, ist die Tatsache, daß er nicht über seine Beziehung zu anderen Menschen verstanden werden kann. Der Philobat scheint vielmehr dem Ikarus zu gleichen: Er strebt, während die Vaterstimme der Vernunft hinter ihm zurückbleibt, dem puren Ereignis entgegen, dem reinen Licht, der verschmelzenden Objektlosigkeit (nicht Objekt sein, kein Objekt antreffen). Nur: Der moderne Ikarus in den Computerspielen und weltweiten Abenteuerlandschaften hat gegenüber dem unglücklichen Helden aus der alten Legende einen unschätzbaren Vorteil: *Er* wird nicht abstürzen, das Licht, in das er fliegt, verbrennt niemanden, es ist kalt. Ein Licht, das keine Sonne kennt. Die beschwörerische Stimme des Väterlichen, die zur Rückbesinnung auf das Realitätsprinzip mahnt, versagt. Ikarus kommt mit seinem Höhenflug nicht im Nichts, sondern in der Realität an. So ist es nicht weiter verwunderlich, daß wir jenen Charaktertypus, den Balint noch als ein Extrem annahm, das er am Beispiel außerordentlicher Grenzsituationen (Jahrmarkt, Bergsteigen) verdeutlichen mußte, heute zunehmend in unserem Alltag antreffen. Die bei Balint erst geahnte Entfaltung eines ganz anderen Typs von Objektbeziehung ist zumal in den Jugendkulturen beobachtbare Normalität. Die eben genannte Unesco-Untersuchung ist lediglich ein Beleg dafür. Es gibt zahlreiche empirische Studien, die zu vergleichbaren Ergebnissen kommen, vorwiegend

aus amerikanischen und japanischen Großstädten. Es
gibt, nicht minder bedeutsam, die Schilderungen der
narzißtischen Not und Intensität in der neueren Literatur
(vom „Mann ohne Eigenschaften" bis zum das Tageslicht scheuenden „Ulysses" Bloom, der nicht nach Hause findet) – und natürlich im Kino.

Balint stellt dem Philobaten ein Gegenprinzip gegenüber, er nennt es den oknophilen Charakter („oknos" =
sich anklammern). Gemeint ist der objektgebundene
Charakter, jener uns vertrautere Menschentyp, der sich an
Sicherheiten bindet, an solche Beziehungen klammert,
die Beständigkeit versprechen, und über „Treue", „Verläßlichkeit" seine Bedürfnisse zu verwirklichen sucht.

Wo dem philobatischen Narziß Bindungsunfähigkeit
nachgesagt wird, da erkennt Balint auch beim Oknophilen eine indirekte Art der Manipulation seiner Mit-
menschen und Beziehungspartner: Der oknophile Charakter, insgeheim für autoritäre Strebungen oder Bindungen anfällig, neigt dazu, seinen jeweiligen Partner
zu idealisieren. Bei vertiefter Analyse stellt sich allerdings regelmäßig heraus, daß die Bewunderung selten
dem „ganzen" Menschen gilt. Sie ist vielmehr auf Teil-
eigenschaften, Teilbindungen bezogen, die, solange sie
dem Bedürfnis des „Oknophilen" entsprechen, in den
Phasen der intensiven Beziehung kurzerhand verabso-
lutiert werden – bei gleichzeitiger Ausblendung anderer,
der Idealisierung widersprechender Eigenschaften oder
Verhaltensweisen.

Es ist nur allzu leicht einzusehen, daß solche auf insgeheimen Entstellungen beruhenden Gefühlsbeziehungen regelmäßig Ambivalenzen nach sich ziehen. Diese rühren auf der Seite des derart eingebundenen, „eingewickelten" Partners daher, daß er um seine Freiheit (sogar um ein realistisches Selbstbild) kämpfen muß beziehungsweise die Preisgabe seiner Autonomie dem Oknophilen als Schuld zurechnet. Ambivalent wirkt sich auf der „oknophilen" Seite aus, daß die nur unvollständige Wahrheit in dieser Beziehung sehr wohl insgeheim gespürt und gefürchtet wird. Die verschwiegenen Mängel und Schwächen des idealisierten Partners werden, bevor sie zur Wahrnehmung zugelassen sind, wo sie Angst erzeugen würden, vehement tabuisiert, was im Konfliktfall zu einer überraschend plötzlichen Abwertung des kurz zuvor noch idealen Partners führen kann. (Und nicht selten, um das Dilemma perfekt zu machen, wird anschließend auch diese Ablehnung wiederum abgewehrt, eine noch massivere Harmonisierungssucht setzt sich durch, deren penetrante Inszenierung das Erscheinungsbild solcher Partnerschaften prägt.)

Von diesen Schwächen ist der Philobat frei. Könnte man das Verhalten des Oknophilen insofern als primitiv bezeichnen, als es an die Verhaltensweisen von Kindern im Vorschulalter erinnert, die sich an Übergangsobjekte klammern und sie je nach Befindlichkeit hassen oder lieben, schlagen oder küssen, so erinnert der Oknophile in seinem sozialen Verhalten nicht so sehr an die

Haßliebe zum guten alten Teddybär, sondern an die funktionale, distanzierte und fast körperlose Beziehung, die Kinder heute zu ihrem Tamagotchi oder einem anderen „digital pet" unterhalten, die in Millionenauflagen die Kinderzimmer bewohnen. Der Tamagotchi, die digitale Barbie-Puppe, wird nicht umarmt oder umklammert, sondern *beobachtet* und gleichzeitig durch extreme Daseinsdimensionen getrieben: Hungern, Füttern (oft bis zur Übersättigung), Disziplinieren und Sterben und Wiederauferstehen-Lassen. Tamagotchi und Teddybär – sie erscheinen wie zwei Modelle von Objektbeziehung bzw. Objektdistanz der beiden von Balint beschriebenen Charaktertypen.

„Von freundlichen Weiten", die der Philobat aufsucht, spricht Balint und fährt in seiner Charakterisierung, die 40 Jahre alt ist, auf eine Weise fort, als beschreibe er neuere Computerspiele: „Was muß denn der Philobat so genau beobachten? Er hält nach Objekten Ausschau, die von irgendwoher oder nirgendwoher erscheinen ... die als häßlich, gelegentlich auch feindlich empfunden werden, da sie die freundlichen Weiten rings um ihn stören, oder im Gegenteil als schön ..., indem sie die Harmonie seiner freundlichen Weiten noch vertiefen. Seine Objekte erinnern in gewisser Weise an Nebenfiguren in Märchen, die Helfer ... oder Gegner sein können. Außerdem haben sie die weitere Eigenschaft, daß sie aus geringfügigem Anlaß plötzlich von der einen in die andere Kategorie wechseln können." Das philobatische Erleben ist ganz auf den Gesichtssinn konzentriert, die Objekte werden beobachtet, aus der Distanz zu beherrschen versucht, während das körperliche Erleben, der Tastsinn, zurückbleibt. Zwischen sein Empfinden und das Objekt schiebt der Philobat gern ein Instrument, das ihm die Verfügung über das Objekt sichert. „Instrument" in diesem Sinn kann ebenso ein Medium der Kommunikation sein, ein Werkzeug, ein Artefakt, in dessen Funktionssicherheiten sich der Philobat gut aufgehoben fühlt, was schließlich dazu führt, daß er seine selbstverliebte Allmacht zu einem guten Teil auf jenes „Werkzeug", jenes Medium als Instrument der (Welt-)Beherrschung, verschiebt, das ihm Abstand und Verfügungsgewalt zugleich garantiert.

Insofern sind für das philobatische Erleben die Objekte – die Menschen, die Dinge, die Ideen – letzlich austauschbar, beständig ist nur das eigene Verfügen. Balint kannte natürlich Computerspiele nicht, in denen in der Tat mit einer hohen Konzentration der Gesichtssinne Objekte aufgespürt und vernichtet oder ihnen ausgewichen wird, während das Spiel selber einen Flug in einen perspektivlosen leeren Raum, nein, keinen Raum, vielmehr eine totale Weite, eröffnet, ein Fliegen oder Stürzen, bei dem objektlose und beziehungsleere Lust entsteht. Diese ist angewiesen auf das sichere Umgehen mit Instrumenten, wobei das Er-fassen der Objekte (im Digitalen eh nicht möglich) für dieses Lusterleben nicht notwendig zu sein scheint, *der Tastsinn tritt zurück hinter einer abstrakten Funktions- und Beherrschungssicherheit, die eine Art von selbstvergessener, gleichwohl ego-zentrischer Befriedigung auslöst.*

Im Netz-Kontakt finden wir ähnliche Vorgänge: Die dort anzutreffenden Objekte und/oder Partner bewegen sich ebenfalls in einem weiten unübersichtlichen Raum, sie werden mit Hilfe des Mediums auf die denkbar flüchtigste Weise erreicht und – wie ich dargestellt habe – ebenso leichtfertig verlassen. Manchmal scheint es, als sei im Charakterbild des einsamen Narziß ebenso wie in den Kommunikationsweisen des Internet das Verlassen selber, die Möglichkeit des unmittelbaren Verschwindens, eine der wichtigsten Bedingungen der Befriedigung, die mit solchen Kontakten erreicht wird. Der Philobat will letztlich – so wieder Balint – nicht das einzelne Objekt, nicht den besonderen Menschen, die besondere Idee – er will die ganze Welt der Objekte. Dies ist freilich nur möglich, wenn die fixe Gegenüberstellung von Subjekt und Objekt aufhört.

Vor 40 Jahren wurden Balints Beobachtungen verfaßt, auf ihre inhaltliche Gleichheit mit dem Erleben der Medien muß ich nicht weiter hinweisen. Sie liegen auf der Hand. Die neuen digitalen Medien intensivieren ein philobatisches Lebensgefühl, das auf vielfältige Weise in der Entwicklung der Medien, der Entfaltung von Geschwindigkeiten, dem Anwachsen einer unüberschaubaren Anonymität der menschlichen Beziehungen in den großen Städten begründet zu sein scheint und in der „Rhetorik" der neuen Medien eine vertiefende Darstellung findet.

Funktionssicherheit statt Bedeutungssicherheit: Ich weiß, wo und wie und wann ich dich erreiche, wogegen die Frage, wer du bist, eigentlich nicht interessiert – das ist insgesamt der Modus des Umgangs mit Symbolen im Internet und im Computerspiel.

Die Dinge, Landschaften, Figuren im Spiel, so habe ich vorhin gesagt, werden kaum angesehen, ihnen zu entkommen oder sie auszulöschen ist vielmehr das Ziel. Die Handhabung des Apparates ermöglicht diesen hochkonzentrierten narzißtischen Flug, eröffnet die „freundlichen Weiten". Das Verharren beim Objekt dagegen beendet ihn, mit einem tödlichen Schlag. Und der Flug selber, wenn er gelingt, endet – auch davon sprachen wir – nicht an einem irgendwie gearteten Ziel, sondern in einer leeren Landschaft, in der entweder alle Feinde (und feindlich ist alles Objekthafte, das auftaucht) vernichtet sind, oder in einem Szenarium, das auf die Totalität der Auslöschung, inklusive der Selbstauslöschung, hintreibt: das Endspiel.

Vor etwa dreitausend Jahren trennte die Erfindung des Alphabets das menschliche Wissen von der mündlichen Tradition. Diese war bis dahin in ihrer Bedeutungsweite lokal begrenzt. Bedeutung und Norm waren stammgebunden, Ritus und Anbetung waren von Ort zu Ort, von Stamm zu Stamm verschieden. Die Schrift löste diesen

Bedeutungscharakter des Örtlichen weitgehend auf, in der Schrift wurden allgemeine, universale Aussagen getroffen, Gesetze fixiert, die mit der Festschreibung allgemeine Gültigkeit beanspruchten. Mit der in Büchern aufbewahrten Schrift verselbständigte sich die Welt der Ideen und erhob sich über eine erscheinende Welt der konkreten Dinge, diese erschien nun von minderem Rang.

Wenn in der oralen Kultur ein alter Mann starb, so starb ein Stück Stammesgeschichte und -wissen mit ihm, in der Schriftkultur war es das Ausbrennen einer Bibliothek, die das Weltwissen vernichtete. Zugang zu Schrift bedeutete auf besondere Weise Verfügung über den geheimen Charakter der nicht mehr offenbaren Welt, bedeutete zugleich mystisch-privilegierte Nähe zu den gesetzgebenden Göttern, deren Wille sich aus der „Gesetzmäßigkeit" und nicht der Anschauung der Welt und ihrer Dinge erschließen ließ. Die schriftgelehrten Stellvertreter bewegten sich zwischen Erkenntnis und mystischer Versenkung vermittels des schriftlich niedergelegten Willens eines totalen Geistes.

Die Universalität blieb den Schriftzeichen immanent, als mit dem Buchdruck breitere Bevölkerungsschichten in die Lage versetzt waren, sich das Weltwissen autodidaktisch anzueignen. Die Privilegien des Zugangs verminderten sich. Freilich blieb die Art und Weise der Schriftinterpretationen, ausgehend von einer langen Tradition der geschlossenen Textstruktur, unangetastet. Jeder, der das Alphabet beherrschte, trat in diese Ver-

stehenskultur – den philologisch-theologisch-philosophi-
schen Austausch – ein. In dem geschlossenen Text war in
gewisser Weise eine allgemeine, eine universale Bedeutung beschlossen, die der Leser, indem er aus seiner
unmittelbaren Lebenswelt heraustrat und sich in den
Kontext des Textes begab, für sich erschloß. Die damit
unterstellte Möglichkeit, *jeden* Text zu verstehen, war
gleichbedeutend mit dem Selbstverständnis des westlich-
abendländischen Lesers, daß er an die Universalität des
menschlichen Wissens und Seins angeschlossen sei.

Zugleich war in diesem Modus des Verstehens die
Aufteilung von (lesendem) Subjekt hier und (zu entzif-
ferndem) Objekt bzw. Objektzusammenhängen dort
impliziert. Auf dem Weg des Wissens und der Selbstreflexion erschien die menschliche Welt als vor dem
Wissensbegierigen ausgebreitet, seiner Vernunft dem
Prinzip nach, wenn auch niemals aktuell, erschließbar –
dies war auch die letzte Zielvorstellung der klassischen
Philosophie: der sich selber erkennende Geist, das sich
vervollständigende Ich.

Es wäre für unsere Überlegungen interessant, jenen
Verbindungslinien nachzugehen, die sich zwischen den
Erfindungen der Bewegungsmaschinen und der Telegrafie und der Tatsache, daß Schopenhauer zeitgleich
der Vernunft-Totalität einen entscheidenden Stoß ver-
setzte, herstellen lassen. Für Schopenhauer war das dem
Subjekt entgegengesetzte Weltwissen eben nicht mehr
mit der Ausrüstung der Vernunft erschließbar, für ihn

führte die Erkenntnis weg vom alten Gegensatz zwischen „Innenwelt" und „Außenwelt" ins erkennende Subjekt selber hinein, um freilich dort auf eine finstere Immanenz, eine den Mitteln der Vernunft entzogene Kraft, zu stoßen: den Willen.

So aufschlußreich es auch wäre, der Gleichzeitigkeit von technischer Entwicklung neuer Bild- und Übertragungsmedien auf der einen und der Entfaltung einer radikalen Bewußtseinskritik auf der anderen, der philosophischen Seite nachzugehen, es würde die Darstellung übermäßig komplizieren. Kehren wir also zur Schrift zurück. Die Schrift im Internet existiert nicht, ohne kommuniziert, ohne connected zu sein. To be is to be connected, lautet eine der vielen klugen umlaufenden Spruchweisheiten der User.

Nicht „konnektierte", nicht aufgerufene Schriftzeichen sind in der Tat nicht existent, das ist mehr als eine technische Marginalie, es sagt etwas über den Geltungsanspruch aus, der dieser elektronischen Schrift im Unterschied zur schriftlich fixierten, zeitlosen, überdauernden zugemessen wird. Die computerisierten Schriftzeichen aus Lichtpunkten haben und beanspruchen keine Dauer, sie gelten nur, solange sie kommuniziert werden, und verändern sich in aller Regel im Verlauf der vielen Kommunikationen. Keine gerade und verläßliche Linie führt vom Autor zur vorliegenden Schrift, die ich im Netz aufrufe. Diese Tatsache entwertet im Netzverkehr das Geschriebene aber nicht. Im

Gegenteil, von einer über lange Phasen unveränderten Schriftstrecke wird man annehmen müssen, daß sie den Netzteilnehmern wenig bedeutet hat, sie forcierte keine Reaktion, war eigentlich überflüssig. Was nicht kommuniziert wird, *ist* überflüssig, eigentlich gar nicht vorhanden. Ein Vergleich mit – um ein beliebiges Beispiel der bürgerlichen literarischen Tradition auszuwählen – Fontanes Briefen, den sorgfältig gesetzten, vielfach veränderten, gestalteten Schriftstücken, macht die Unterscheidung, die ich erläutern möchte, kenntlich. Die Wort*gestalt* der wohlgeformten Fontane'schen Sätze, Ironien, Exempel hat wenig gemeinsam mit den Kürzeln, der spielerischen Veränderung und/oder Aufhebung der Syntax, der Visualisierung der Schriftzeichen, die im Netzkontakt anzutreffen sind.

Sie sind, wie sie auf dem Monitor erscheinen, oft nur demjenigen verständlich, entschlüsselbar, der sich in dem jeweiligen aktuellen kommunikativen Verbund aufhält, am Austausch dieser „flottierenden Zeichen" beteiligt ist. Dieses Schreiben rechnet mit „Eingeweihten" – und ist schon deshalb auf den Moment der Geltung, die kurze Dauer eingestellt und verliert danach einen guten Teil seiner Wichtigkeit. Dazu tritt die Tatsache, daß jede Information im Netz umflossen ist von Verweisen auf andere Schriftstrecken, jede ist angelegt auf Ergänzungen, die aber niemals zur Vollständigkeit gelangen, weil die Idee der Vollständigkeit einer Vorstellung von Geschlossenheit folgt, die den Benutzern des Netzes kaum noch verständlich sein dürfte. Deren charakteristische Verständigungswelt ist ja gerade das Nicht-Abzuschließende, eben der dynamische Mikrokosmos, der nur Ausdehnung kennt ohne Begrenzung, weder jetzt noch in der Zukunft, ohne Bescheidung, ohne Aufhören.

Weil dies so ist, fühlt sich der – um zu Balints Gegensatzpaar zurückzukehren – oknophile Charakter in dieser fließenden, ständig in Ausweitung begriffenen Welt niemals zu Hause. Er, der Seßhafte, findet sich in dieser Ortlosigkeit nicht zurecht. Die hier geforderte Aufmerksamkeit für alles und jedes, die erforderliche Aufgeschlossenheit für die ganze Welt, auf deren dynamischem Hintergrund mal diese Information, mal jener Kontakt, mal dieses Detail, mal jenes Abenteuer aufleuchten – dies alles ist dem nach Sicherheit in stabilen Strukturen und Beziehungsformen suchenden Charakter unerträglich.

Dies alles bedeutet: Im Netz braucht es das offensive Zutrauen zum Unbekannten, zu dem, was alles noch sein wird, was jederzeit eintreten könnte: jetzt, wieder jetzt und noch mal jetzt. Dieser dynamische Makrokosmos, der in unsere Lebenswelt – die „Nahwelt", um es in einem soziologischen Begriff zu umschreiben – eindringt und sie, seiner Potentialität, seiner zahllosen Versprechungen wegen, ständig überlagert, ist ein ideales Lebensgelände für den narzißtischen Flaneur, den Philobaten. Seine Eigenarten, Stärken und Schwächen korrespondieren auf das genaueste mit solcher unausdeutbaren Weite, die durch nichts als den freien Flug zu erkunden ist.

(An dieser Stelle erlaube ich mir – mit dem Hinweis auf mein vieljähriges Engagement in dieser Sache und der Bitte um Nachsicht – eine kleine Abschweifung: Es ist, scheint mir, leicht einzusehen, daß sich unser Narziß mit seinen Neigungen und leicht-fertigen Orientierungen in den Institutionen der Bildung, der Schule, Berufs- schule, Lehrwerkstätten etc. nicht recht wohl fühlt. Unser Bildungssystem trägt – um es in Balints Begriffspaar ein- zuordnen – alle Anzeichen des Oknophilen, des Seßhaften, alle Merkmale einer psychischen Verfassung, die mißtrauisch ihre Güter sammelt, ordnet und bewahrt. Schule ist Ordnung eines stabilen Wissensbestandes, der als Besitz „schwarz auf weiß nach Hause" getragen wer- den will. Schule ist, wenn sie sich einmal von ihren Lehrbüchern und Rahmenrichtlinien trennt und sich um Anschaulichkeit bemüht, immer „Nahwelt" – Projekt- arbeit im Pausenhof, Exkursionen in den nahe gelegenen Park, Ameisen sammeln und sortieren, Schule ist Hierarchisierung von Inhalten um den Preis, daß die Inhalte dort, wo sie ästhetischer Art sind, unkenntlich werden, Schule ist feste Zeit, im ewig gleichen Rhyth- mus, ist, mit Rilke zu reden, leeres Zeitverbringen, Schule ist schließlich, bis in die Notengebung hinein, *Fest*schrei- bung von Fähigkeiten und Eigenschaften. Dies alles sind Lebensbedingungen, die der Philobat nicht erträgt und von denen er sich aufatmend befreit, wenn er in den dyna-

166

mischen, offenen Makrokosmos der digitalen Medien, der Playstations oder Musikvideos eintaucht.

Ich meine, daß man den immer offener zutage tretenden Konflikt zwischen Kindheit/Jugend und Bildungssystemen an Balints Begriffspaar durchaus zutreffend illustrieren kann. Man nehme als anschauliche Ergänzung nur die derzeit umlaufende pädagogische Mode, die von Kindern zu wissen meint, daß sie „Grenzen brauchen". „Grenze", das ist das gefestigte Zuhause des Oknophilen! Nicht die Kinder brauchen sie, Schule braucht sie, um wie bisher weiter zu funktionieren. Es handelt sich um eine „oknophile" Lehrerphantasie, nicht zufällig ist der Buch-Bestseller *„Kinder brauchen Grenzen"* trotz seines minimalen theoretischen Gehalts bei professionellen Pädagogen ein Riesenerfolg. Soviel, in polemischer Kürze, zu diesem Thema, es wäre eine gründlichere Behandlung wert.)

Allerdings hat auch der narzißtische Charakter, den Balint so positiv würdigt, seinen Anfang in ebender frühkindlichen Zwangslage, von der wir in den vorausgegangenen Kapiteln gesprochen haben. Dies wird von Balint auch notiert, dann aber unter der Fülle der zukunftsweisenden Eigenschaften, die der Autor – offenbar fasziniert – diesem Charaktertypus zuerkennt, vernachlässigt. Ich will deshalb ergänzen: Auch der narzißtisch-freie Flug ist ein paradoxer, letztlich mißlingender Versuch, die Symbiose der Kindheit zurückzugewinnen, ohne auf die überlebensnotwendige Welt der Objekte zu verzichten.

Insofern suggeriert sich der Philobat in seiner selbstbe-
schwingten Freiheit eine Objektwelt, die er nur deshalb
so nachlässig hinter sich lassen beziehungsweise so
wenig bindungstief berühren kann, weil er insgeheim
überzeugt davon ist, daß die Objekte in ihrer Gesamtheit
ihn schon tragen werden. Reste der kindlichen Allmacht
werden in jeder dieser oberflächlichen Objektbegeg-
nungen aktiviert und damit auch die unreife Aggressivität
und der Hang zur Abwertung des jeweils anderen (vgl.
dazu die Abschnitte 5 und 6). Sie überlagern jede diffe-
renzierte Wahrnehmung des Objekts (auch dazu ein
Hinweis: Vgl. das vorausgehende Kapitel).

Die von Balint so vielversprechend beschriebene
Offenheit des Narziß ist bis zu einem gewissen Grad eine
scheinbare. In seinen Begegnungen bleibt immer etwas
spürbar von der insgeheimen Unruhe, die dadurch entsteht, daß das Objekt – egal ob Mensch, Sache oder Idee
– kaum in Erfahrung gebracht wird, immer ein wenig
fremd, also unkalkulierbar, also bedrohlich bleibt. Der
narzißtischen „Offenheit" ist diese Beunruhigung wie
ein Schatten beigesellt. Sie macht sich bemerkbar in der
Bereitschaft, jedes Objekt jederzeit durch ein anderes zu
ersetzen und sie insofern allesamt in einer Art Schwebe,
einer Gleich-Wertigkeit zu halten. Auf diese Weise suggeriert der Narziß die „freundlichen Weiten", von denen
Balint spricht, zugleich beobachtet er die auftauchenden
Objekte (ohne die er ja nicht existieren könnte) auf-
merksam, wie potentielle Feinde.

Die Einübung in diesen paradoxen Objektbezug ist es schließlich, die den narzißtischen Charakter, immer in Angst vor einem Absturz, antreibt, zu immer neuen Ufern, neu entworfenen Zukunftsperspektiven, neuen Extremen und Spitzenleistungen. Bleiben ist nirgends! Nur der Absturz, wenn er denn einträte, wäre endgültig.

Fast immer gehört deshalb zu diesem Charakterbild bei aller vordergründigen Risikofreude, die Balint unterstreicht, die Erotisierung der Angst. Aus diesem Grund ist der philobatische Narziß stets in Gefahr, das freie Gefühl des Fliegens zu vertauschen mit einer für seine Umgebung oft überraschend aufbrechenden Depression, einer plötzlichen Resignation, dem Nachgeben, dem Sog ins Dunkle, Abgründige, dem freien Fall.

Wo freilich, wie im elektromagnetischen Übertragungsmedium, der Narziß Objekte aufsuchen und beherrschen kann, die nur eine schwache Präsenz und einen ungenauen Realitätsanspruch bezeichnen, wo er mit diesen Objekten funktionierend und sicher umgeht (und zugleich in ihr verführerisch materieloses Glänzen tagträumend versinken darf) – dort ist er, mehr als irgendwo sonst im Realen, von seinen inneren Widersprüchen erlöst. Oder – sagen wir es bescheidener – er hat sie jedenfalls ins Erträgliche gemindert, ohne daß sein Realitätsbezug ernsthaft in Frage gestellt worden wäre. So hat er endlich ein „Ziel" gefunden, bei dem er gefahrlos ankommen kann.

IV.
Die Konsequenzen.
Das Ende des Gewissens

Fast alles, was wir höhere Kultur nennen, beruht auf
der Vergeistigung und Vertiefung der Grausamkeit.
Nietzsche. Über Lüge und Wahrheit

Ich liebe die alten Fragen. Ah, die alten Fragen, die
alten Antworten, da geht nichts drüber.
Beckett. Endspiel

19. **Warum das Gewissen verstummt.** Das Ich-
Ideal können wir uns als ein innerpsychisches
Gefäß verdeutlichen, das die narzißtischen Wunsch- und
Selbstbilder „aufbewahrt". Aber angesichts der Reifung
und Kräftigung des Ich, sagten wir, kommen neue
Herausforderungen und Gefährdungen auf es zu. Wie
sollen die narzißtischen Gefühle damit zurechtkommen,
daß das kindliche Ich sich nun an neuen differenzieren-
den Realitätserfahrungen orientiert? Es sind sehr be-
scheidene Erfahrungen, die zum Reifen eines Ich bei-
tragen, die Freude an einem Spielzeug, der Kummer
über Versagungen der einen oder anderen Art, die

Glückseligkeit beim Schmusen auf Papas oder Mamas Schoß und dann wieder der bittere Schmerz, wenn Papa oder Mama „Du darfst nicht" sagen – aber sie allesamt sind mit den archaischen und omnipotenten Wünschen nicht in Übereinstimmung zu bringen.

Wie also können die tief in der Psyche verankerten Maßlosigkeiten mit den integrativen, zusammenführenden Funktionen des Ich versöhnt werden? Wir haben zwar gesehen, auf welch verschlungene Weise die narzißtischen Empfindungen mit der Objektwelt in Verbindung treten, aber doch nur um den Preis, daß nun destruktive Impulse, von Angst begleitet, ins Innere des Ich eingewandert sind. Um die inneren Zerreißproben, die sich nun anbahnen, heil zu überstehen, muß die unfertige kindliche Psyche zusätzliche Anstrengungen unternehmen. Dazu benötigt und erhält sie freilich Hilfe, in zweifacher Weise.

Die erste ist der Zwang von außen. Wer mit Kindern zusammenlebt, weiß, daß sie gelegentlich ein deutliches Verbot, ein klares „Nein", geradezu erleichtert zur Kenntnis nehmen. Der Grund für die Erleichterung liegt nun klar auf der Hand: Die kräftige Stimme des Erziehers entlastet das Ich vor dem Ansturm der narzißtischen Gefühle, die sich der Realität nicht beugen wollen. Das kindliche Ich verlangt aber nach Realität, denn es benötigt zum Überleben die Zuwendung anderer Menschen. Ein deutliches „Nein" führt oft genug befreiend aus dieser seelischen Spannung heraus.

Es muß darüber hinaus aber eine weitere Unterstützung geben, und zwar eine, die nicht von außen, sondern von innen kommt. Eine zusätzliche psychische „Instanz" muß her, die stark genug ist, die narzißtischen Gefühle in Schach zu halten und die durch die Realitätskontakte entstandenen Ängste und Aggressionen zu beschwichtigen. Bleibt die Frage, woher das kindliche Selbst, das von soviel innerer Widersprüchlichkeit geschwächt ist, so mächtige seelische Kräfte beziehen soll, die den Urgefühlen gewachsen sind und die inneren Angstphänomene beschwichtigen?

Die Antwort lautet – und das ist wiederum widersprüchlich und verquer genug: Die neuen Kräfte können nur die alten sein, auch sie müssen aus den Urgefühlen, dem Narzißmus in seiner sehnsüchtigen und zornigen Gestalt, hervorgehen. Keine andere seelische Instanz hätte die innere Gewalt, sich den Kräften der primären Liebe entgegenzustemmen.

Noch einmal in tiefenpsychologischer Begrifflichkeit gesagt: In der kindlichen Psyche muß eine Instanz entfaltet werden, die dieselben Potentiale wie das Ich-Ideal in Anspruch nimmt, sich derselben Triebansprüche und Trieberfahrungen bedient, die aber nicht auf ihrem maßlosen Streben beharrt, sondern auf eine irgendwie geartete Weise nun den Realitätskontakt mit in sich aufnimmt. Eine Instanz, die die Realitätsbindung und -abhängigkeit des psychischen Geschehens nicht leugnet, sondern unterstützt. In der trockenen Begriffssprache

der Psychoanalyse fällt diese Aufgabe dem „Über-Ich"
zu. Es ist zum einen aus dem Ich-Ideal hervorgegangen,
benutzt dessen Heftigkeit und Energien und steht im
gewissen Sinn zu ihm im Widerspruch.

Die lange und verdrehte Theoriegeschichte der Psychoanalyse um Bestimmung und Abgrenzung von
Über-Ich und Ich-Ideal soll uns nicht weiter kümmern.
Freud selbst war in diesem Punkt bis zuletzt unbestimmt. Für unseren Gedankengang reicht es, folgendes
festzuhalten: Das Ich-Ideal trägt den Kern des unver-
söhnlichen primären Narzißmus in sich. Es entwickelt
anhand der unvermeidlichen Objektbeziehungen eine
großartige Vorstellung von sich selber – wie wir sahen:
mit aggressiven Beimischungen –, es neigt dazu, seine
Wünsche mit einem Hang zur Totalität nun auf die
Außenwelt auszudehnen. Es will die Welt in idealer
Gestalt.

Die darausfolgenden unvermeidlichen Versagungen
rechnet es sich selber als Schuld an. Es zieht seine bösen
Energien in sich zurück und sammelt sie in einer ganz
eigenen psychischen Ballung, einer „Instanz", eben dem
Über-Ich. In diesem überlebt das Selbst-Ideal, gespeist
aus der primären Liebe; in ihr existiert ebenso die
destruktive Kraft, die sich im Lauf der Objektbindungen
eingestellt hat.

Beides richtet sich gewissermaßen als idealer Wille
auf die Einrichtung der Welt und befindet sie (und sich
selber) als ungenügend. So bestraft sich das Selbst für

seine Objektbeziehungen, die wie ein Verrat am Narzißmus wirken, und hält gleichwohl den Realitätskontakt aufrecht.

Nietzsche hat bekanntlich angemerkt, daß das Gewissen nicht mehr sei als gestaute, nach innen gezogene Grausamkeit. Freud konkretisiert diesen Aphorismus, er verortet ihn in der Entwicklung von Trieb und Bewußtsein und kann dadurch präziser angeben, warum sich die Gewissensstimme mal selbstquälerisch gegen das eigene Selbst wendet, mal hochfahrend die Welt von Grund auf verbessern will: Hier stehe ich, ich kann nicht anders.

(Ich will der Vollständigkeit wegen anmerken, daß nach Freud'scher Theorie wesentlich die Gestalt des Vaters im Zentrum des gewissensbildenden Konfliktes steht. Er gilt dieser Theorie nach dem kleinen Jungen als Ideal, er vertritt zugleich Norm und Ethos der realen Welt. Der kleine Junge, der vergeblich und wütend mit dem Vater um die Liebe der Mutter – die Regression zur primären Liebe – kämpft, unterliegt und identifiziert sich mit der Vatergestalt beziehungsweise den inneren Bildern, die sich in den Tagträumen und Nachtphantasma des Kindes ausprägen, nimmt Ideal und weltliche Norm in sich auf wie eine Wahrheit, die er in späteren Lebensjahren nur um den Preis in Frage stellen könnte, daß er das ganze zerreißende innere Drama noch einmal durchlitte. Aus dieser Geschichte von Liebe und Grausamkeit, so vervollständigt Freud Nietzsches Satz, bildet sich das Gewissen, die Verankerung der sozialen Welt im psychischen Kern eines Kindes.)

Aus diesen sehr knappen Anmerkungen wird wohl schon deutlich, wohin die folgenden Überlegungen zielen. Wir haben ja von der intimen Nähe, der eigenartigen Kohärenz von narzißtischen Erlebensweisen – primitiv als Verschmelzungswunsch, reifer entwickelt als Funktionslust und Funktions(all)macht – und den digitalen Medien gesprochen. Der nächste Gedankenschritt ist ein naheliegender: *Entfällt nämlich die prinzipielle Unversöhnbarkeit von narzißtischem Anspruch und Erlebnisrealität, dann kann die Folge nur eine Schwächung der Gewissensinstanz sein.*

Ich möchte, bevor ich in der Tat diese These zu begründen versuche, einen kleinen Umweg einlegen und noch einmal in der psychoanalytischen Theoriegeschichte blättern:

Janine Chasseguet-Smirgel schreibt in ihrer sorgfältigen Darstellung und Kommentierung der Freud'schen Theorien unter dem Titel „Das Ich-Ideal – Krankheit der Idealität" folgendes:

„Das Ich-Ideal hat Ansprüche in bezug auf die Art, wie das Ich gebildet wird, und es erträgt bei diesem Aufbau keine Fehlschläge."

Es ist ein unaufhörliches Drängen im Ich. Der von immerwährenden Kränkungen gespeiste Wunsch nach Vollkommenheit, den wir als Wunsch nach der Rückkehr in den Zustand des primären Narzißmus interpretieren können, droht das Ich zu erdrücken. Das Reale mit seinen symbolischen und faktischen Ordnungen fügt sich den Ansprüchen des inneren Ideals nicht. Jeder kleine Junge macht die bittere Erfahrung, daß er auf dem Weg zur Schule noch der pfeilschnelle Rennfahrer ist, dem Strecke, Weg und Zeit nichts bedeuten, und daß er gleichwohl, wenn er zum Unterricht zu spät eintrifft, wieder zum ohnmächtigen Kind wird, das sich vor Strafe fürchtet.

Das arme Ich – es ist in der Psychoanalyse wie zuvor bei Nietzsche und Schopenhauer eine wenig beeindruckende Instanz. Es duckt sich immerzu, einmal nach außen, dann wieder nach innen. Es ist eben keineswegs stabil, es hat keine kräftige Struktur. Es bewegt sich immer nur zwischen alternierenden Ansprüchen hin und her, folgt einmal den narzißtischen Wünschen, gehorcht dann wieder den Realitätsanforderungen, ist mal der Objektwelt zu Diensten, dann wieder den Phantasien. Das Ich ist ein Diener vieler Herren. Immer getrieben, immer um Ausgleich bemüht – und stets am Ausgleich scheiternd ...

Nein, eine stabile „Instanz" ist es wahrhaftig nicht, das „arme Ding", wie Freud es nannte. Es ist wie ein hin- und herschlagendes Pendel, das nie zur Ruhe kommt. Keine seelische Kraft aus eigener Substanz, vielmehr ein Abschwächungsmechanismus, der unaufhörlich in Gang ist: Zuviel Realitätsanforderung erträgt es nicht, es entzieht sich, flieht in den Schlaf und in

Träume. Aber zuviel Traum und Tagtraum und Phantasieleben erträgt es auch nicht, dann flüchtet es sich zu den stabilen Ordnungen der Realität, der Normen, Bindungen und Werte.

Das „Ich-Ideal", diese vibrierende Energiestation mit ihrer gestauten Dynamik, würde das wenig kräftige Ich vollends zerstören, wenn die in ihm gesammelten totalen und destruktiven Ansprüche und Energien ungehindert in dieses einströmten. In „Jenseits des Lustprinzips" spricht Freud ja ausdrücklich von einer niemals aufgegebenen Tendenz, die primären Befriedigungen wiederzuerlangen: „Alle Ersatz-Reaktionsbildungen und Sublimierungen sind ungenügend, um seine anhaltende Spannung aufzuheben ..."

Die immer drohende Gefährdung des mühsam ausbalancierten seelischen Gleichgewichtes, die prinzipielle Unerfülltheit dieser Wünsche, von der wir mehrmals sprachen, formuliert Freud so: Zwischen der „gefundenen und der geforderten Befriedigungslust ergibt sich das treibende Moment, welches ... nach des Dichters Worten ungebärdig immer weiter drängt (Faust)".

Im Anschluß an diese Überlegungen formuliert Chasseguet-Smirgel: Das Ich-Ideal „basiert auf dem Wunsch, sich an die Negierung der Ich-Grenzen zu klammern". Halten wir dies also fest: Das Ich-Ideal – „eine Stufe im Ich", wie es bei Freud heißt – neigt dazu, nein, arbeitet unaufhörlich daran, die Integrität des Ich zu zerstören. Nun hat das Gewissen die Aufgabe, das

Realitätsprinzip gewissermaßen mit aller Macht in der Seele zu verankern, festzuzurren, damit das arme Ich mit seiner kleinen Vernunft und fragilen Objektbezogenheit sich auf diese „Instanz" stützen, sich in seinem Wirkungsschatten sichern kann. Denn die mächtigen primären und destruktiven Wünsche zerren an der Bedeutung, die die Realität im Seelischen beansprucht. Andererseits droht, wenn sich die Triebstrebungen ungehindert auslebten und von Vernunft und Objektbindungen ganz und gar losrissen, eine existenzgefährdende Erkrankung der Seele, ein ewig getriebenes, ruheloses und zielloses Wünschen im Wahnsinn.

Das innere Spannungsverhältnis, das damit umschrieben ist, muß unaufhörlich integriert werden. Dies ist als zentrale Bedingung zur Aufrechterhaltung einer dynamisch-ausgeglichenen seelischen Struktur anzusehen. Und nun benennt Chasseguet-Smirgel eine Gefahr, die diese spannungsreiche Struktur in Frage stellt.

Sie schreibt in den erwähnten Studien zum Ich-Ideal: Wenn „die narzißtischen und triebbezogenen Befriedigungen mit dem Ich übereinstimmen, so daß sie das Selbstgefühl erhöhen, entziehen sie dem Ich-Ideal einen Teil seiner Megalomanie und können im Grenzfall seine Auslöschung herbeiführen oder zumindest die seines vorantreibenden Charakters".

Halten wir für einen Augenblick bei dieser Argumentation ein. Das Ich-Ideal, sagt Chasseguet-Smirgel, wird überflüssig, besser entleert, wird mindestens seines „vorantreibenden Charakters" beraubt, wenn das ideale Streben mit dem Ich ganz in Übereinstimmung käme. Mit solch einer Überlegung hat sich Freud niemals belastet. Für ihn war es ja ganz gewiß, daß durch den Charakter der Objektwelt, der unvermeidlich im Widerspruch zu den primären narzißtischen Gefühlen steht, eine derartige Übereinstimmung gar nicht möglich sein könnte. Für Freud (und für einige deutsche Philosophen) kommt die Befriedigung in jedem Fall zu spät, und wo sie eintritt, bleibt sie, gemessen am narzißtischen Ideal, unvollkommen!

Weil dies so ist, bleiben die Sehnsüchte nach Vollkommenheit im „primär-narzißtischen" Sinn eben Träume, Utopien, Visionen. Als solche suchen sie in psychischen Innenwelten ihren Ort, den sie in der Objektwelt niemals einnehmen könnten. Stumm sind sie geworden, durch äußere Einflüsse verdunkelt und unerlöst, aber eben auch unsterblich, wie der Glücksgott Baal. Weil das auf tragische Weise in der Existenz des Menschengeschlechtes so festgeschrieben ist, gibt es diesen „Riß" der Seele, von dem wir sprachen, auf dem sich das „Ich-Ideal" aufrichtet – die „Krankheit" Heines, die das schaffende Streben des Menschen erst in Gang setzt.

So also Freud, auf dem Boden einer langen Denktradition. Und nun schauen wir noch einmal auf Chasseguet-Smirgels Argumentation. Sie schreibt: „Wo die narzißtischen und triebbezogenen Befriedigungen mit dem Ich übereinstimmen", dort entziehen sie dem

Ich-Ideal seine strebsame Kraft und „können im Grenzfall seine Auslöschung herbeiführen".

Dies kann ja eigentlich – so ist es wohl von der französischen Analytikerin auch gemeint – nur dort der Fall sein, wo übermächtige Kräfte in der Psyche Platz greifen und die Trennlinie zwischen Innenwelt und Außenwelt, Ich und Objekt einreißen, indem sie das Objekt auf magische Weise mit den Charakteristika der Wünsche belehnen und es in sich, wie im oralen Modus, aufnehmen, aufsaugen. Anders gesagt: Dies könnte allein im psychotischen Zusammenbruch der Fall sein.

Aber können wir uns nach den Beobachtungen und Überlegungen, die wir zum Charakter der digitalen Erlebniswelten angestellt haben, damit zufriedengeben? Wir haben ja eine neue Form der Wunscherfüllung kennengelernt. Wir haben, wenn nicht die Gleichheit, so doch die ästhetische und inhaltliche Nähe zwischen digitalen Medien/Kommunikationsapparaten und den narzißtisch-triebhaften Erlebnisweisen in Erfahrung gebracht. Können wir also den Satz von Chasseguet-Smirgel nicht auch auf dieses medienvermittelte Ineinanderspielen von psychischen und medialen Wirklichkeiten beziehen? Findet nicht auch in computeranimierten Spielen oder in dem raumübergreifenden kommunikativen Gleiten durch die Netze „narzißtische und triebbezogene Befriedigung" statt? Und geschieht dies nicht auf eine Weise, bei der die Außenwelt eben nicht mit psychotischen Kräften entstellt und weggewischt werden muß, sondern vielmehr aufgenommen, eingesogen wird, mit besonderer Eindringlichkeit und Intensität …?

Ist es also zu weit „hergeholt", wenn wir angesichts unserer Beobachtungen in Computerspielen, Techno-Nächten, Netz-Surfen annehmen, daß zum wenigsten diese eine Verschiebung in der psychischen Struktur anerkannt werden muß, nämlich die Tatsache, daß das Ich-Ideal seine „treibende Kraft" einbüßt und an das funktionssichere Ich im Cyberspace abtritt, das sich mit narzißtischen Empfindungen auffüllt? Das verinnerlichte Ideal als Ersatz, als Ausgleich für die verlorene Selbstliebe verliert einen Teil seiner dynamischen, aber eben auch verzweifelt rückwärtsgewendeten Potenz. Diese aber ist die Basis des Gewissens …

20. **Das Gesetz und das „Nein".** Mich erinnert das wirre Durcheinander der verschiedenen, einander entgegenstehenden und dann wieder aufeinander angewiesenen Seiten des Psychischen, mit dem wir es hier zu tun haben, merkwürdigerweise immer an den amerikanischen Krieg zwischen englischen und französischen Kolonialherren, der gleichzeitig ein Krieg der Weißen gegen die Roten und zu guter Letzt ein Kämpfen und Fraternisieren aller gegen und mit allen gewesen sein muß. Warum mir ausgerechnet diese alten Scharmützel einfallen? Vielleicht nur, weil meine ganz persönlichen Lieblingshelden, als ich zehn oder zwölf Jahre alt war, in ebenjener Zeit lebten und sich tapfer durch

die Fronten schlugen, Wildtöter und „der alte Trapper"
und allen voran Chingakooga, der letzte Mohikaner.
Damals verliefen die Grenzlinien zwischen den feindli-
chen Lagern äußerst verwirrend, was mich als vorpuber-
tierenden Knaben höchst interessierte; die Apachen verbündeten sich mit den Engländern, um die Cherokesen
zu bezwingen, und die Cherokesen mit den Franzosen,
um gegen Apachen und Mohikaner anzugehen, und ganz
zum Schluß besiegten die Weißen die Roten beziehungsweise ein Teil der Weißen den anderen Teil der
Weißen und die geschwächten Roten gleich mit.

In unserer Seele geht es in dieser Entwicklungsphase
ähnlich turbulent zu. Triebwünsche verbinden sich mit
narzißtischen Gefühlen, beide wollen sich der Realität
vollends bemächtigen und das Ich mit seinen Rea-
litätsbindungen wieder zerbrechen. Aber dann begreifen
die Triebe, daß sie, um ein Objekt zu benutzen und zu
genießen, zuerst einmal Objekte *benötigen*, und geraten
dadurch in Konflikt mit den narzißtischen Gefühlen, die
in objektloser Seligkeit durch das Wunderland der
Symbiose wandern und nicht gestört werden wollen.
Und wer siegt, wer bleibt geschwächt auf dem Feld
zurück, wer unterliegt? Gehen wir noch einmal in die
Zeit der frühen Kindheit zurück. Es ist, wie wir von den
Romantikern und den Psychoanalytikern, den Philosophen und zuletzt noch einmal eindringlich von so
unterschiedlichen Dichtern wie Rilke und Kafka auf
unterschiedliche Weise (aber mit sehr ähnlichem Gehalt

an Schrecken!) erfahren haben, eine Lebensphase voller Katastrophen.

In die selbstbezogenen und zugleich extrem empfindlichen narzißtischen Grundgefühle fällt – für ein Kleinkind völlig unvorbereitet und abrupt – eine neue Wahrnehmung. Stimmen, die aus den ersten Lebensmonaten vertraut sind, die Zuversicht spendende, tröstende Stimme der Mutter, die besänftigende des Vaters ... sie sagen etwas Erschreckendes und eigentlich ganz Unverständliches. Sie sagen „nein".

Mit dem verbietenden, versagenden Wort „nein" wird die Erfahrungswelt eines Kindes gewaltsam aufgerissen. Dieses „Nein" hat eine merkwürdige und unüberwindbare Macht. Es vermag den Zugang des Kindes zu einem begehrten Gegenstand oder Menschen zu regulieren. Und es vermag darüber hinaus das ersehnte Objekt mit Eigenschaften zu belehnen, die ein Kind gar nicht verstehen kann, denen es aber nunmehr gehorchen soll. Es gibt, so sagt die Stimme, so behauptet das „Nein", gute und böse Objekte. (Und es gibt, weil es dieses „Nein" gibt, auch eine gute und böse Stimme der Mutter.) Die Objekte sind nicht nur, was sie sind, sondern zugleich Teil eines geheimnisvollen Gesetzes. Die Stimme, die „nein" sagt, spricht das Gesetz aus. In gewissem Sinn *ist* sie das Gesetz.

Es gibt kein Gesetz des „Ja", keine *positive* normative Regelung der kindlichen Welt. Im Gesetz dreht sich alles, wie in Kafkas Parabel („Vor dem Gesetz"), um das

Verschließen der Tür: Sie war, sagt der Wächter, bevor er sie „für immer" schließt, „nur für Dich geöffnet". Genauso ergeht es einem Kind, das aus seinem Narzißmus herausstürzt. Alle ersehnte Vollkommenheit, das ganze Kinderglück waren nur ihm, dem ganz besonderen Kind, zugedacht, davor aber steht nun der Wächter, die versagende Gesetzstimme, und sagt „nein".

Der Gegenstand, das „Ding", nach dem ein Kind greift, dessen Kontur es ertastet, begehrt, vereinnahmt, wird plötzlich weggerückt, weggestellt, den ungeschickten Händen hastig entrissen. Zugleich ertönt das Verbotssignal „Nein". Die verbietende Instanz ist also offensichtlich eine mächtige, sie ist mächtiger als das befriedigende Objekt und mächtiger als der kindliche Wunsch.

Das Selbst, das von seinen narzißtischen Vorstellungen und Gefühlen nicht lassen will und eine Frustration seiner Wünsche weder versteht noch erträgt, nimmt die „nein"-sagende Stimme in sich auf, macht sie sich zu eigen.

Das Verlorene *wird in seinen versagenden Zügen ins Selbst aufgenommen und erhält in der psychischen Ordnung einen privilegierten Platz.*

Es gibt fortan nicht mehr nur eine Welt mit vielen Menschen und Gegenständen, nach denen sich ein Kind sehnt, die es berühren, verschlucken, aufsaugen, umarmen möchte. Die Weltvorstellungen differenzieren sich. Es gibt zwar weiterhin den stofflichen

Charakter eines Dinges oder eines Menschen, es gibt
die Wärme der Haut, den kuscheligen Pelz des Teddy-
bärs, die Süße des Breis, die seltsam verlockende, fun-
kelnde Glätte von Porzellan usw., aber es gibt zusätzlich zu den sinnlichen Eigenschaften nun eine geheimnisvolle Tatsache, die ebenso zu den Objekten gehört,
obwohl man sie weder sehen noch riechen noch fühlen
kann. In oder über den Gegenständen walten Ordnungen, Regeln, Gesetze, die den einen Gegenstand
erlauben und einen anderen verbieten, die dafür sorgen,
daß das eine Objekt ergriffen werden darf, das andere
nicht. Ein manchmal grausames Gesetz also, das jederzeit dafür sorgen kann, daß ein begehrter Gegenstand
oder ein Mensch einem Kind und seiner Sehnsucht entzogen wird, daß er versagt wird, verlorengeht ... Wie
soll ein Kind diesen „Sturz" in die Gesetze der Wirklichkeit denn anders bewältigen als so, daß es auf dem
Weg der Identifikation die Versagung verinnerlicht?
Wie anders als dadurch, daß es nun an der geheimnis-
voll-abstrakten Macht „partizipieren" darf, indem es
sie gleichsam in sich aufnimmt und auf diese Weise seinen Narzißmus zufriedenstellt? Daß es selber ein Teil
dieser Macht wird!

*Die Urkraft der Selbstliebe verbindet sich mit einer
idealisierten und abstrakten Macht- und Liebesordnung.*
Das Ich wird durch diese narzißtische Zufuhr stabilisiert
und in seiner Fügsamkeit gestützt. Die Gegenstandswelt
existiert fortan nicht mehr nur im jeweils einzelnen tast-

baren Ding, sondern ebenso real in der Ordnung, der Konstellation und Wertigkeit der Dinge. Diejenige seelische Instanz, die diese Ordnung und Wertigkeiten der äußeren Welt mittels der narzißtischen Gefühle in sich aufnimmt und festhält und darauf achtet, daß sie in Zukunft befolgt werden, nennen wir das „Gewissen".

Die Härte des Gewissens und seine Insistenz gäbe es nicht ohne die Macht des Ich-Ideals. Dieses wiederum gäbe es nicht ohne den unsterblichen Narzißmus und seine Erinnerungsbilder aus frühester Säuglingszeit (vielleicht aus der fötalen Zeit) – nicht ohne seine Sehnsüchte. Im Zentrum des Ich-Ideals finden wir jenseits der Sehnsuchtsbilder auch destruktive, dunkle Antriebe, die aus einer unglücklichen Verknüpfung von Selbstliebe und Realitätszumutung entstanden sind. Das narzißtische Drängen ebenso wie die machtvollen Aggressionen äußern sich in der Wirkungsweise des Gewissens.

Glück, und gar dauerhaftes, entsteht so allerdings nicht. Glück ist so nicht möglich und wohl auch nicht vorgesehen im menschlichen Schicksalsplan. Dies zumindest war Freuds Überzeugung, und er war auch in diesem Punkt mit Schopenhauer, auf den er sich sooft berief, einig. Es gibt, wenn ich recht sehe, in Freuds Werk nicht eine Zeile, die ein befriedigendes, gar glückhaftes Objektverhältnis beschreibt.

Glück – das wäre die restlose Erfüllung der Bilder und Symbole, die aus den frühen symbiotischen Beziehungen hervorgehen. Das Gewissen hingegen mit seiner oralen Gier und seinen verinnerlichten Destruktionen kennt keine Erfüllung, es kennt nur Pflicht und Leistung, Demut und Angst.

Erfüllte Pflicht vermindert die Angst – das ist das Äußerste an Glück, das das Gewissen zuläßt.

Deshalb nutzt die menschliche Seele jede Gelegenheit, um den Zwang des Gewissens zu umgehen und die Kraft der Gewissensinstanz zu schwächen. Ebendiese Gelegenheit erhält sie durch die digitalen Medien und ihre Erlebnisräume.

Der ganze schwierige und schmerzliche Vorgang der Gewissensbildung hat, wie wir gesehen haben, eine zentrale Voraussetzung, nämlich die, daß es zwischen den narzißtischen Empfindungen und der Realität keine Chance der Integration oder auch nur des seelischen Nebeneinanders geben kann. *Genau dieser Punkt hat sich mit den kontingenten Erfahrungswelten der Computerspiele und der digitalen Netze geändert.* Jetzt existiert eine wirkungsmächtige ästhetische Realität, die unmittelbar auf die narzißtischen Empfindungen und Eigenschaften paßt. Jetzt sind Erlebnisse, Erfahrungen möglich geworden, die in Form und Inhalt den archetypischen Charakter des kindlichen Narzißmus abbilden. Es gibt eine Versöhnung von Selbstliebe und Realität, zumindest innerhalb dieser digitalen Apparate! Wo dies der Fall ist, hat die klassische Gewissensinstanz einen wesentlichen Teil ihrer Aufgaben, nämlich den Narzißmus ans Reale zurückzukoppeln, eingebüßt. Sie hat darüber hinaus einen schwer bestimmbaren, aber zentralen Anteil ihrer Grundlagen – ihrer energetischen Ausstattung – verloren. Sie hat ihre Kraft eingebüßt.

Die Computer-Spiele sind auf moralisch-korrekte Inhalte nicht angelegt, sie nehmen insgesamt auf „Realitätsbezüge" keine Rücksicht. Sie verfolgen einzig dieses Ziel: die Selbstliebe mit phantasiereichen Bildern, Klängen, Aktionen zu füttern, vollzustopfen bis obenhin. Denn die selbstbezogenen, narzißtischen Gefühle verbreiten, wenn sie sich austoben und sich selber erleben dürfen, Glück und Lust. *Lust auf immer mehr vom Immergleichen.*

Das Gewissen mit seiner Mahnung ans Soziale, an Mitgefühl und Rücksicht, mit seinen Gehorsamsforderungen, das Gewissen mit seinen strengen Vorschriften, die es dem Ich aufbürden will, wird angesichts dieser lustvoll tobenden Selbstliebe immer leiser.

Wo die Kooperation der digitalen Spiele mit den narzißtisch-frühkindlichen Bedürfnissen in ihrer archaischen Gestalt gelingt, da feiert die Seele ein Fest der ungehemmten Selbstliebe und will sich dabei von nichts und niemandem (erst recht von keinen Realitätsanforderungen, erst recht von keiner Gewissensstimme!) in ihrem versunkenen Glück stören und beeinträchtigen lassen. Sie will ihr Fest vollständig. Ohne Rest. Es ist ein Fest der Harmonie und der Destruktion, beides in einem universalen Ausmaß.

Die beglückende und furchtbare Gestalt unserer Wünsche – nirgendwo können wir sie so konkret zu Gesicht bekommen wie in den animierten Phantasiewelten der Computerspiele, im Hollywood-Kino, in den digitalisierten Video-Bildern auf MTV und Viva oder in der bedenkenlos-verspielten Entwertung des „Du" im Internet.

Wo die „Verknotung" der digitalen Spiele mit dem Ich-Ideal gelingt, bleibt das „Gewissen" auf der Strecke. Noch einmal gefragt: Woher soll es denn seine inneren Antriebe beziehen, wenn nicht daraus, daß die Phantasien der Grandiosität, die aus dem Ich-Ideal aufsteigen, am Prinzip Realität scheitern und sich gequält und destruktiv nach innen zurückwenden? Worauf stützt sich die Gewissensinstanz, wenn sich die Inhalte des Ich-Ideals urplötzlich ohne Zwischenstufen und ohne Konflikte, sozusagen „pur", realisieren lassen?

Was wird aus ihr, wenn sich die narzißtischen Urgefühle mitsamt ihren destruktiven Abkömmlingen in eine fiktive, aber existente Wirklichkeit übersetzen lassen und nicht länger nur ein verzweifelter Traum sind? Wenn das „Ich-will-alles"-Gefühl, das Ewigkeitsgefühl, das die Zeit hinter sich läßt und aus der Lust wieder ihre ursprüngliche rücksichtslose Macht hervorlockt („alle Lust will Ewigkeit, will tiefe, tiefe Ewigkeit …", singt Zarathustra –), wenn dieses selbstbeseelte Kindergefühl nun im Realen ein angemessenes Feld des Agierens und des Ausdrucks findet?

Was ist die Folge, wenn das narzißtische Idealstreben die so lange verschlossene Tür zu Erfahrungsräumen aufstößt, die seiner Totalität und Weltferne entgegenkommen? Wenn mit anderen Worten dem „Gewissen" seine zentralen Energien und stützenden psychischen Strukturen entzogen werden?

Die Konsequenzen sind gravierend: Das Gewissen existiert, ist vorhanden, gelegentlich abrufbar, geht dem unfertigen Selbst aber bei geringsten Anlässen wieder verloren. Das Soziale, um es in einer anderen Terminologie zu sagen, ist nicht mehr verläßlich in der Persönlichkeitsstruktur unserer Kinder und Jugendlichen repräsentiert.

Wenn ich erst einmal triumphierend angekommen bin in meinen phantastischen Wunschbildern und -symbolen, wenn ich Heroe und Gott, Magier und Überwinder aller Gefahren bin – *alles ist in mir!* –, wenn ich einsinke in dinglose Welten mit einem seligen Gefühl der widerstandslosen Harmonie; wenn ich mit mir „einig" bin bei dem, was ich tue – warum sollte ich dann zurückkehren in die Gefangenschaft des Gewissens? Was bedeutet Verantwortung, wenn, wie wir in den „Chattings" des Internet beobachtet haben, letztlich gar kein stabiles und erkennbares Gegenüber *da* ist, dem ich antworten könnte? Ich antworte, wie Narziß, nur mir selber. Die Stimme in mir, die mich liebt, ist ein Echo!

21. Wo Cyberspace ist, kann kein Gewissen sein. Beispiele.

Was bedeutet diese psychische Entwicklung, die wir skizziert haben, in der sozialen Wirklichkeit? Aus dem pädagogischen und psychologisch-therapeutischen Feld wird zunehmend und mit immer größerer Sorge berichtet, daß soziale Verantwortung als verinnerlichte Qualität bei Kindern und Jugendlichen seltener wird (nur bei Kindern und Jugendlichen?). Beobachtet wird vor allem der Verlust eines stets abrufbaren, gleichbleibenden, eines verläßlichen Ver-antwortungsbewußtseins. Lehrer aus allen Schulstufen, vor allem aber aus dem Elementarbereich, wissen, daß gemeinschaftliche Situationen, konzentrierte gemeinsame Aktivitäten, soziale Spiele usw. im Klassenzimmer zwar durchaus noch herstellbar, aber niemals dauerhaft sind. Es gibt im Verhalten der Schüler offensichtlich nur noch selten eine Verläßlichkeit, die sich auf eine stabile soziale Orientierung stützen kann. Die Einbindung ins Soziale ist keine „zwingende" Bedingung persönlicher Stabilität mehr, insofern ist soziales Verhalten nicht dauerhaft, es muß jeweils neu austariert werden.

Nur sehr oberflächlich und insofern jederzeit verwerfbar sind bei vielen Schülern die Überzeugungen, daß es eine Gemeinsamkeit von Lehrer, Schüler und Institution geben muß, die auf der Regelmäßigkeit von Verhalten und der Einhaltung von Normen und Ordnungen beruht. Abstrakt wird den moralisch-sozialen

Normen zwar zugestimmt, aber offensichtlich sind sie nicht auf eine tiefergreifende Art verhaltensprägend. Sie werden bei geringfügigen Konflikten wieder aufgegeben. Sie bedeuten, mit anderen Worten, für diese Kinder keine seelische Notwendigkeit mehr.

Ein Lehrer kann eine Klasse durchaus für ethisch motivierte Projekte begeistern, Schüler lassen sich (worauf die Shell-Studie ebenso unbeirrbar verweist wie etwa der Psychoanalytiker Horst-Eberhard Richter) beispielsweise dazu „motivieren", an einer Sammlung für eine Einrichtung des Naturschutzes oder der Kinderhilfe teilzunehmen. Es ist aber ebensogut möglich, daß derselbe Lehrer bei denselben Kindern eine Woche später mit denselben Überzeugungen nur noch Gleichgültigkeit erntet. Die plötzliche Begeisterung entsprang offenkundig keinen verinnerlichten Wert-Orientierungen.

Auf Fortbildungstagungen oder Seminaren berichten Lehrer oder Sozialpädagogen aus sehr unterschiedlichen Institutionen und Schulformen, daß sich ihnen gerade nach „sozialen Übungen", etwa einem der erwähnten Umwelt- oder Kinderschutzprojekte oder ähnlichen freiwilligen Aktionen, ein merkwürdiger, schwer greifbarer und durchaus nicht zu beweisender Eindruck aufdrängt: der Eindruck, daß moralische Handlungen so etwas wie eine Selbststilisierung sind, wie ein Dekor, das benutzt wird, aber sofort weggeworfen, sobald sich ein anderes Dekor gefunden hat.

Moralisches Verhalten ist nur *eine* neben vielen anderen Verhaltensmöglichkeiten. Von Situation zu Situation wird neu entschieden. Moralisches Verhalten und moralische Entscheidungen werden offenbar nicht mehr als substantiell empfunden, sondern eben nur als denkbar – „in Erwägung zu ziehen". Sie fundieren das Selbst nicht, sie sind nur eine Variante des Selbstausdrucks, austauschbar also. So wirken auch soziale Aktionen wie Selbstinszenierungen. Gültig, solange sie funktionieren!

Und weiter scheint es so zu sein, daß nicht die „Inhalte", also nicht „die gute Tat", wie es früher so betulich, aber immerhin eindeutig hieß, als Bestätigung des Selbstgefühls empfunden wird, sondern lediglich das Funktionieren der damit ermöglichten Inszenierung. „Es kommt 'rüber!" Solange es genügend „Abnehmer" für moralisches Verhalten gibt, wird es relativ beständig beibehalten, in veränderten Situationen scheint es mühelos wieder aufgegeben zu werden. Es ist so etwas wie ein Spielraum in einer tauschbaren Identität …

Erst recht ist Erfüllung moralisch-ethischer Normen keine Bedingung psychischen „Wohlgefühls" und damit verbundener Stabilität mehr. Moralisch-ethische Normen können ohne Einspruch des Gewissens verlassen werden. Genau dies hätte bei früheren Generationen zu einer vehementen Bedrohung der psychischen Integrität geführt. Der Verstoß gegen verinnerlichte soziale Normen oder mitmenschliche Verhaltensweisen führte in jedem Fall dazu, daß sich das Gewissen meldete. Streng, strafend, unerbittlich.

Eine ganz andere Frage ist allerdings, wie mit diesen Gewissenszwängen in früheren Generationen umgegangen wurde. Vieles wurde eben wegen des übermäßigen Gewissensdrucks abgewehrt. Aus den Studien über die „Autoritäre Persönlichkeit" des Frankfurter Instituts für Sozialforschung wissen wir, daß Gewissensängste verleugnet wurden oder einfach vom eigenen Selbst abgeschoben auf ferne Autoritäten („Befehl ist Befehl"). Dies alles ist ja weithin bekannt und soll hier nicht vertieft werden. Für unseren Zusammenhang ist etwas anderes von Bedeutung, nämlich, daß Gewissenszwänge heute gar nicht, oder zumindest nicht mit jener Kraft, die sie in früheren Generationen besaßen, auf das Verhalten von Kindern und Jugendlichen einwirken. Die Stimme des Gewissens ist ein seelischer Faktor neben anderen. Die Verhaltensentscheidungen werden aktuell immer wieder neu getroffen, je nach Situation und eigener Befindlichkeit.

Genau darin besteht der wesentliche Unterschied zu den Verhältnissen früherer Kinder- und Jugendkulturen. Die moralischen Sätze und die sozialen Normen galten (eben weil sie ver-innerlicht waren!) unabhängig von Umstand und Aktualität, unabhängig von der kommunikativen Situation. Sie waren „ewig". (Dieser Ewigkeitsanspruch des Gewissens hatte wiederum damit zu tun, daß die „Stimme des Gewissens", wie wir gesehen haben, aus den narzißtischen Urgefühlen erwachsen ist, die keinerlei Begrenzung und Einschränkung ertragen.) Werte und aus ihnen hervorgehende Tugenden schienen nicht an Bedingungen gebunden und waren von Kausalität freigesetzt. Sie mußten nicht begründet werden. Sie waren in sich selber gerechtfertigt. All dies gilt so nicht mehr.

Wir sagten eben, daß die Befolgung moralisch-ethischer Normen heute nur *eine* Möglichkeit des Verhaltens sei. Daneben gibt es viele andere Varianten. Eine davon – und zwar eine, die sich zunehmend ausbreitet – ist die, sich den Ansprüchen des Realen ganz zu entziehen und in digitale Spiellandschaften mit überlebensgroßen Spielgefährten einzutauchen.

Das Reale im Sinn der uns vertrauten Alltagsrealität ist auch – wie die Stimme des Gewissens, die das Reale in seiner normativen Beständigkeit abstützt – nur eine Möglichkeit neben anderen geworden. Neuartig daran ist, daß offenbar problemlos zwischen verschiedenartigen Verhaltensstilen gewechselt werden kann. Die Verläßlichkeit – und die Starrheit – des „alten Ich" sind dahin. Seine Verantwortungsbereitschaft ebenso. Wo es, wie im Internet, kein bedeutungsvolles Gegenüber, kein Du, gibt, da gibt es auch keine Verantwortung. Wem sollte ich denn antworten?

In der therapeutischen Praxis zeigen sich ähnliche Erfahrungen.

Ich habe selber erlebt, wie irritierend bis auf den Grund des eigenen Selbstgefühls es sein kann, vor einem freundlichen und intelligenten Zwölf- oder Dreizehnjährigen zu sitzen, mit ihm in eine durchaus dichte und intime Kommunikation einzutreten und dabei fortwährend zu spüren, daß alles, was gesagt, getauscht und empfunden wird, nur in diesem einen Moment und nur für diese eine Situation gilt. Morgen gilt es vielleicht nicht mehr. Morgen bist du mir vielleicht gleichgültig. Die beständige psychische Instanz, die die Kontinuität des „Du" im Kontakt sichert – sie ist blaß oder fehlt vollständig.

Die Kinder vergessen, so scheint es, nicht nur unangenehme Aufgaben von einem Tag zum anderen oder einer Stunde zur anderen – das haben Kinder aller Generationen und aller Kulturen getan –, sie vergessen mehr. Sie vergessen ihre eigenen Gefühle. Fast jeder Psychologe und viele Lehrer wissen von Situationen zu berichten, in denen eine intensive Vertrautheit mit einem Kind gelungen war, eine von beiden Seiten beglückt erlebte Vertrautheit. Um so bestürzender die Erfahrung, daß am nächsten Tag oder zum nächsten Termin davon nichts mehr zu spüren ist. Eine Konstanz, eine Beständigkeit, wie sie etwa in der Therapie eine notwendige Voraussetzung für einen Erfolg ist, läßt sich kaum aufrechterhalten. Beziehungsnähe, Vertrautheit, Verabredungen – nicht selten scheint alles beim folgenden Termin wie weggewischt, die Erinnerung daran ist merkwürdig wesenlos, abstrakt. Wie ein Satz, der zwar irgendwann einmal als richtig erkannt worden war, nun aber kaum noch erinnert wird. Von einer Situation zur anderen, von einer Verführung zur anderen gelten plötzlich wieder andere Beziehungsweisen, andere Werte, andere Vertrautheiten und anderes Mißtrauen. Alles wechselt so rasch, wie in einem Computerspiel der Übergang von einer Gefahr zur anderen wechselt. So scheinen auch Verabredungen über erwünschte und unerwünschte Verhaltensweisen, wie sie etwa in der Verhaltenstherapie eine wichtige Rolle spielen, jeweils nur für diese besondere Gesprächssituation zu gelten. Danach gelten sie nicht mehr. Es hat den Anschein, als gebe es in der Psyche von immer mehr Kindern und Jugendlichen keine seelische Instanz mehr, die Dauer stiftet, Beständigkeit ermöglicht, Gefühle und Versprechungen über den jeweils konkreten Augenblick hinausträgt und ihre Verbindlichkeit festigt.

Beispiel Eins: Roland klaut. Nicht aus Not. Im großen und ganzen hat und bekommt er alles, was er braucht, und einiges darüber hinaus. Er klaut trotzdem. Klauen, sagt er, ist ein Spiel. Geklaut wird in der Gruppe. Man trifft sich in Kaufhäusern (die ja ihrerseits allerhand marketingtechnische Anstrengungen unternehmen, Kinder und Jugendliche in ihre Verkaufshallen zu locken – mit Erfolg!). Diese Kaufhallen sind ja merkwürdige Wunderwelten. Alles ist da, in Griffnähe, überall ist Überfluß, und trotzdem wirkt alles langweilig. Die Langeweile hat wohl damit zu tun, daß die Gegenstände, die haufenweise in den Regalen herumstehen, irgendwie nichts bedeuten. Sie kommen irgendwoher, Spielzeug aus Taiwan, das billige Spielzeug, anderes anderswoher. Sie haben keinen Hintergrund. Man sieht ihnen nicht an, daß Menschen an ihnen gearbeit, daß Menschen sie entworfen haben. Sie haben nichts Eigenes, nichts Besonderes. Sie haben keine „Aura". Sie sind verführerisch, aber auf eine Weise, daß man schon merkt, man wird mit diesen Spielsachen, wenn man sie erst mal besitzt, wenig anzufangen wissen.

In diesen Kaufhallen, und besonders in denjenigen Ebenen, in denen sich die Kinder und Jugendlichen herumtreiben, herrscht eine merkwürdige Atmosphäre von Gleichgültigkeit. Das erklärt auch das Spiel, das Roland und seine Freunde am liebsten in diesen Hallen spielen. Es heißt: Wer am meisten klaut, hat gewonnen. *Was* sie hingegen klauen, also der konkrete Gegenstand, ist beinahe egal. Was da herumsteht, sieht soundso immer so aus, als wäre es direkt aus einem Computerspiel entsprungen. Und in diesem gibt es keine besonderen Figuren, keine Gesichter, keine Identifikationsangebote – nichts, was ein Kind dazu verführen könnte, sich intensiver und länger mit ihm zu befassen. Computerspiele funktionieren eben ganz anders als spannende und intensive Beschäftigungen mit Dingen, nämlich rabiat und schnell. Beziehungstiefe ist da nicht vorgesehen, in den Spielen ebensowenig wie in den Figuren, die diesen

Spielen nachgebildet sind. Die Kinder klauen, weil das in dieser Kaufhaus-Situation in gewisser Weise eine spannende Reaktion auf eine langweilige Umgebung ist. Sie spielen Klauen, sie nehmen die Haltung von cleveren Dieben an, sie erringen damit eine bestimmte Position in ihrer Gruppe (in einer anderen Gruppe müssen sie dann mit anderen Verhaltensformen Anerkennung erwerben). Ich hatte manchmal, während ich Roland zuhörte, das Gefühl, als suchten er und seine Freunde in den Dingen so etwas wie einen Widerstand, eine Eigenheit. Etwas, das sich ihnen entgegensetzte. Aber sie finden es nicht.

Deshalb: Was geklaut wurde, war egal. Wer nahm, was er wirklich brauchte, wer sich mit dem Klauen einen Wunsch erfüllte, einen konkreten, hatte die Spielregel nicht verstanden. Und ähnlich wie mit diesen geklauten Dingen – mit derselben Zufälligkeit und Beliebigkeit – ging Roland lange Zeit auch mit mir um. Er kam regelmäßig zu den Therapiestunden – inzwischen war er wie die meisten seiner Freunde „auffällig" geworden –, er kam gern. Ich glaube, er fand mich recht sympathisch. Er stimmte mir im großen und ganzen in allem zu. Er wollte mir wohl einen Gefallen tun. Aber er war zutiefst unfähig, aus seiner Sympathie, aus der allmählich eine gewisse Vertrautheit geworden war, Folgerungen zu ziehen, die über die konkrete Situation zwischen uns beiden hinausreichten. Was wir besprachen, was wir empfanden, was wir verabredeten, galt immer nur von einem

„Jetzt" zu einem anderen „Jetzt". Ich erlebte an Roland mit anderen Worten jene Zeitform der unaufhörlichen Gegenwart, die wir ja auch in den Computerspielen kennengelernt haben. War das „Jetzt" vorüber, dann war auch die Beziehung erst mal vorbei. Bis zum nächsten Mal! Dann waren alle Versprechungen ohne Wert. Die Übungen vergessen. Alles galt nur im „Jetzt" und versank in einem anschließenden Vergessen.

Die Frage, auf seine riskanten Diebstähle bezogen: „Hast du ein schlechtes Gewissen?" beantwortete er mit einem freundlichen, in gewissem Sinn ehrlichen „Nein".

Selten mit Scham.

Häufiger mit einer gewissen Verständnislosigkeit.

Was will der von mir?

Der pädagogische oder therapeutische oder sonstwie motivierte Versuch, trotz aller Rückschläge an einem Punkt der Intimität und Verläßlichkeit wieder anzuknüpfen, ebenso der Versuch, das Einbrechen des Vertrauens, den Verlust des schon erreichten Kontaktes zu thematisieren und dadurch zu bearbeiten, scheiterten – aber nicht an Widerstand oder „Trotz", sondern an Nicht-Verstehen.

Das Soziale, das Du, Rücksicht und Respekt – sie finden in der kindlichen Psyche keine Instanz, keine Kraft, die sie beherbergt und im Verhalten Dauer stiftet. Alles, was gesagt und gefühlt wird, schwindet, wie die Gestalten und Landschaften in einem Computerspiel, von einem Moment zum nächsten, als seien sie nicht gewesen.

Gewiß, auch in der digitalen Welt und in den digitalen Kommunikationen werden Regeln aufgerichtet und müssen gewisse Vereinbarungen eingehalten werden. Aber sie bleiben äußerlich. Man beachtet oder verläßt sie mit Gleichgültigkeit. „Verinnerlichungen", von denen wir im Zusammenhang mit dem Aufbau des Gewissens gesprochen haben, haben einen anderen Charakter.

Beispiel Zwei: Werfen wir noch einmal einen Blick auf die Computerspiele. Eines der neueren, populär gewordenen hat den schlichten Titel: TX.

TX ist der Held, gesichtslos wie die meisten Helden, androgyn, besser gesagt: nicht zwischen den Geschlechtern, sondern geschlechtslos. Kein Gesicht, kein Geschlecht, nur dieser starre Leib aus Unverletzbarkeit, nur die schnellen mechanischen Bewegungen.

Mit ihnen jagt er in einen Tunnel hinein, einen tiefen, abgründigen Raum, er taumelt, die Wände rasen an ihm vorbei, bis sich wieder jener intensive Eindruck einstellt, den wir aus vielen Computerspielen kennen: diese Bewegung, dieses Stürzen, Gleiten, Fliegen, es macht jede Orientierung unmöglich. Dann der Aufprall. Ein Licht, eine Explosion, der Boden zerbirst: TX ist gelandet.

Rechts und links von ihm lagern, grell-grün leuchtend, die Energiestationen. Hier muß TX seine „Power" aufladen.

Denn weiter hinten warten schon die Feinde. Auf einer langgezogenen Mauer mit vier hohen Türmen haben sie sich eingerichtet. Auch sie gesichtslos, geschlechtslos.

Das auffälligste an ihnen ist ein gewaltiges Schild, auf dem ein Kreisel rotiert. Warum? Ohne Grund. Einfach so. Zehn oder fünfzehn rotierende Bewegungen auf dem mächtigen ovalen Schutzschild, dahinter die Gestalten, die Menschen nicht ähnlich sind.

Ich, der Spieler, tanke Kraft auf der ersten, der zweiten, der dritten Energiestation. Diese Feinde zu bezwingen, diese Schilder mit dem Lichtstrahl zu durchbohren, das wird nicht einfach sein. TX blinkt und funkelt, eine Kampfmaschine.

Und dann tritt ein Effekt ein, der mich wieder einmal überrascht, verblüfft, der Einfallsreichtum dieser Spielprogrammierer ist einfach immer wieder überwältigend. TX nämlich, vollgepumpt mit tödlicher Energie, befindet sich, ohne es zu wissen – jedenfalls weiß ich, der Spieler, nichts davon –, in einer heimlichen Symbiose mit den Feinden.

Genauer: mit ihren Schilden und mit diesen Kreiseln aus Licht, die auf ihnen rotieren.

Wenn TX mit seiner gewaltigen Laserkanone schießt, dann richten sich in exakt demselben Augenblick die Schilde auf: Je heftiger seine Energieladung, die er ausschickt, desto schneller rotiert das Symbol – es hat also doch eine Bedeutung. Mir scheint jetzt, daß es die

Intensität der abgeschossenen tödlichen Energie reflektiert. Die Schilde symbolisieren gleichsam den Grad der Vernichtungsenergie, die von TX ausgeht. Ich spüre, daß irgendwann die Vernichtungsschläge, die TX aussendet, auf ihn zurückrasen werden. Ich vermute, daß in diesen Schilden die Energieschläge aus unserer – TX' und meiner – Strahlwaffe gesammelt werden. Ich verstehe, daß TX und seine Feinde und die tödlichen Energien, die zwischen ihnen hin- und herfließen, ein und dasselbe sind.

Ich, der Spieler, bin also, während ich meine Energie verströme, nicht nur TX, ich bin im weiteren Verlauf des Spieles ebenso die Reihe der Feinde auf und hinter der Mauer, auf und hinter den Türmen – wer weiß, wie viele Feinde dort noch warten?

Ich, der Spieler, bin Angreifer und Angegriffener, Töter und Verteidiger. Wenn ich schieße, mobilisiere ich zugleich die Abwehr.

In der Realität läge zwischen dem Schuß und dem Heben des Schutzschildes eine winzige Zeitspanne, die ich überwinden kann. Hier nicht. Schießen und Verteidigen sind eines. War das nicht immer schon der Traum der Militärs?

Und ich vermute, nein, ich spüre, daß sich diese Gleichzeitigkeit mit jeder Energieladung insgeheim mit Destruktivität, mit Vernichtungskraft, füllt. Was wird also geschehen? Wird die gesammelte Tötungsenergie TX überwältigen, zerschmettern?

Ich glaube nicht.

Ich glaube vielmehr, daß auch ihm, sobald die Lichtstrahlen ihn treffen, ein Schild zuwächst. Ich vermute, daß in diesem Spiel die Gleichzeitigkeit zwischen der einen und der anderen Seite, der Aktion und der Reaktion, immer weitergeht, um am Ende in eine für mich verblüffende Wendung einzutreten.

Aber ich werde sie nicht erfahren, ich komme mit diesem Spiel einfach nicht weiter, ich komme nicht zurecht mit diesem Stillstand der Zeit, der sich auf seltsame Weise zwischen schnellen Aktionen, Schießen, Abwehr eingestellt hat. Irgendwann – ich fühle es doch! – wird dieser Stillstand explodieren. Ich weiß nicht, wie. Ich bin aber jetzt schon gewiß, daß diese Wendung nicht etwa eine neue Zeitfolge, eine richtiggehende Handlung, nichts dergleichen, einleiten wird, sondern etwas anderes: eine Explosion, Ver-nichtendes von extremem Ausmaß, in dem der Stillstand der Zeit gewissermaßen auf den Punkt gebracht, nein, noch einmal übersteigert wird. Stillstand, dann das Desaster, dann das Ende. Endgültig.

Vielleicht wird TX auch so ein Kultspiel wie Mortal Kombat oder Doom. Es hätte wohl das Zeug dazu …

In diesem Spiel ist der Spieler Held und Gegner. Kann er sich identifizieren? Mit wem? Mitempfinden? Emphase? Mit wem? Logik und Vernunft? Alles außer Kraft gesetzt. Es ist ganz offensichtlich. Man muß nur hinschauen.

Beispiel Drei: „Batman und Robin", ein rasanter Film. Als wir das Kino verlassen, sagt jemand: „Man hätte die Geschichte auch andersherum erzählen können." Er hat recht. Man hätte sie in anderer Reihenfolge oder gar keiner erzählen können. Der Unterschied wäre nicht bedeutsam, die Wirkung des Films dadurch nicht geschwächt worden. Der Grund ist einfach: Die großen Hollywood-Produktionen erzählen überhaupt keine Geschichten im klassischen Sinn mehr, mit folgerichtigem Ablauf, Anfang und Ende. Während ich dieses Manuskript schreibe, stehen an der Spitze der Kino-Charts, über die wir per Viva regelmäßig informiert werden, fünf Filme, von denen nicht ein einziger in der Realität, wie sie uns umgibt, spielt, nicht einer Handlung im traditionellen Sinn aufweist, nicht einer ohne eine Fülle von Effekten aus digitalisierten Bildern auskommt. Alles ist rasend schnell, jedes neue Bild auf Überraschung angelegt, auf effektvolle Lichtwirkungen, verrückte Perspektiven – die Dramaturgie hat nur eine Aufgabe: den Zuschauer zu überwältigen. Für den Aufbau einer Person, für Feinheiten der Psyche, für die Entfaltung einer Handlung, den Aufbau einer dramatischen Handlungskonstellation ist in diesen Filmen keine Zeit. Auch hier ist alles nur „Jetzt" und „Jetzt", und eine kausale Folge ist nicht auszumachen. Die Dramaturgien der Hollywood-Filme haben sich den Dramaturgien der Computerspiele immer weiter angenähert. Und die Bilder sind von den Computerspielen allenfalls durch ihre höhere technische Qualität, nicht durch die Bildinhalte, zu unterscheiden.

Es sind auch längst nicht mehr allein die Kulissen, die Landschaften, die Städte, Straßen, die Häuser und Lichter, die für diese Filme im Computer produziert werden, es sind zunehmend auch die handelnden Personen selber, ihre Gesichter, ihre Falten, ihre Augenfarbe. Was daran ist real, was ist fiktiv? Was gehört zur Person des Schauspielers, was ist in diese Person „hineingescannt"? Der Realitätsbezug des Kinos schwindet. Die Grenzen zum „Cyberspace" – wie William Gibson in seinem berühmten Science-fiction-Roman „Neuromancer" die Computerbilder und -räume genannt hat – sind längst ungenau geworden.

Existiert das Gesicht, das ich auf der Leinwand gesehen habe, wirklich? Zu welchen Anteilen existiert es, zu welchen ist es programmiert? Das ist unter moralischen ebenso wie unter ästhetischen Gesichtspunkten eine wahrhaft radikale Frage. Die Antwort ist allerdings entschieden radikaler: *Es macht keinen Unterschied.* Nach Bedeutung und Inhalt ist in diesen Filmen (wie im Computerspiel) zwischen Fiktivem und Realem nicht mehr vernünftig zu unterscheiden.

Insofern ist es kaum eine Übertreibung, wenn man sagt, daß es im Kino kaum noch Gesichter gibt. Sie wirken immer irgendwie vorläufig, sind immer gleichzeitig Belege dafür, daß dieses bestimmte Gesicht eigentlich durch ein aus Lichtpunkten zusammengesetztes Rechenprogramm ersetzt werden könnte.

Das offensichtlichste und bis heute erfolgreichste Beispiel dafür sind die Schwarzenegger-Filme „*Terminator I und II"*. Der Terminator ist ein „Cyborg", ein mechanisches Roboterwesen, das von Computerprogrammen gesteuert wird. Schwarzeneggers Gesichtsausdruck ist entsprechend kalt, unbeweglich, noch bei den brutalsten Aktionen regungslos – eine Maschine eben. Wer hätte schon den Unterschied bemerkt, wenn Schwarzenegger durch ein Computerprogramm ersetzt worden wäre?

Der entscheidende Punkt liegt nun darin, daß das Publikum auf diesen Streifen ganz anders reagierte, als die Kaufleute in Hollywood vermutlich erwartet hatten. Schwarzenegger war, als der Film startete, ein Star von mittelmäßiger Qualität. Einen Karrieresprung hatte sich von diesem Streifen wohl eher sein Gegenspieler erhoffen können, der immerhin den menschlichen Helden, ein Wesen aus Fleisch und Blut, das sich gegen den Cyborg zur Wehr setzt, darstellen durfte. Es kam anders.

Das jugendliche Publikum interessierte sich für die Ängste und heroischen Taten des menschlichen Wesens nicht, der Name seines Darstellers ist vergessen. Es identifizierte sich vielmehr mit der Maschine ohne Emotionen, die alles und jedes niederwalzte und nur ihren Auftrag kannte und weder nach Sinn noch nach Recht fragte. Der Terminator – das war das destruktive Ich-

Ideal in Aktion. Ein Mensch mit einem menschlichen Gesicht hatte keine Chance gegen ihn. In *Terminator II* – in dem der menschliche Gegenspieler bereits verschwunden war: Er war eben kein Erfolg! – nahm der Roboter immerhin eine Art von Beziehung zu einem kleinen Jungen auf. Beziehung ist ein wenig übertrieben: Sein Gesicht war immer noch kalt, emotionsleer beim Töten. Diese ungerührte und unberührbare Maschine aber tat eines: Sie beschützte den Jungen. Sonst blieb alles beim alten, keiner fragte nach Sinn und Recht der Aktionen. Terminator war weiterhin die Destruktion in Person. Aber das pur Destruktive hatte jetzt zugleich eine Schutzfunktion. Irgendwann sagt das Kind: „Einen Vater wie Dich hätte ich mir gewünscht." Der Film war bei Kindern und Jugendlichen ein Welterfolg, ein Kultfilm. Er ist es heute noch. Arnold Schwarzenegger wurde zum Weltstar. Er ist es geblieben.

Ein menschliches Gesicht oder eine Computeranimation – was würde die Ersetzung des einen durch das andere schon an der Eindruckskraft solcher Filme, was an ihrer Plausibilität oder gar ihrer „erzählerischen Wahrheit" ändern? Jedes Gesicht im Kino bezeugt, daß das unvertauschbare „eigene Gesicht", das in alten Kulturen kostbar war und das zu „verlieren" Scham hervorrief, zwar immer noch möglich, aber nicht notwendig ist. Etwas anderes kann an diese Stelle treten. Etwas nicht minder Glaubhaftes. Etwas, das nicht „Gesicht" ist.

Daß die Geschichten selbst, die im Kino erzählt werden, nicht mehr wie die alten Bücher zum Schmökern oder Großmutters Nachtgeschichten einen linearen, also gewissermaßen notwendigen, „schicksalhaften" Verlauf nehmen, versteht sich beinahe von selbst. Ein „Terminator" hat kein „Schicksal". Ein „Judge Dredd" auch nicht. Im *„Fünften Element"* gibt es ebenfalls keine Charaktere, keine Eigenarten, nichts Schicksalhaftes. Nur Aktionen ohne Grund. Damit habe ich drei der derzeit populärsten Hollywood-Filme genannt. *„Independence Day"* ist ein einziges rasantes Computerspiel, das vom Fliegen und Eindringen in fremdartige Welten – irdisch-nichtirdischen – handelt. Von der unmäßigen Hoffnung auf das Ganz-Andere, das sich, das Tageslicht verdunkelnd, über New York schiebt und in einem atemberaubenden Destruktionstaumel endet. Die Reihe läßt sich beliebig fortsetzen. Diese Filme werden wie in Spiralen erzählt: Jetzt geschieht etwas und jetzt, die Folge des Jetzt und Jetzt ist vertauschbar, das habe ich schon gesagt. Die einzige erkennbare Entwicklung ist die, daß in manchen Filmen versucht wird, das Tempo der aufeinanderfolgenden Aktionen zu variieren, im Verlauf zu beschleunigen, schneller und schneller, abrupter, dadurch meist zum Ende hin in der Handlung auch immer skurriler, irrwitziger. Die Inhalte der Szenen sind tatsächlich fast gleich, nur ihre Montage hat eine gewisse dramaturgische Bedeutung.

Je tiefer „Cyberspace" also auch die Dramaturgie der Hollywood-Filme prägt, desto offensichtlicher wird diese veränderte Erzählordnung: Man mag sie aus der Perspektive des Bösen oder des Guten erleben. Wiederum ist der Unterschied gering.

Denn das Böse wird als „böse" nur benannt, nur maskiert, wie es auch beim „Guten" der Fall ist. Die Masken sind vertauschbar. Begründungen oder gar Ableitungen, Geschichten vom Werden des Bösen und vom Werden des Guten kann es nicht geben. Sie würden ja wiederum „Zeitlichkeit" voraussetzen. Und Unterscheidungen voraussetzen. Sie würden beim Zuschauer Identifikationen voraussetzen, das Publikum würde sich nicht nur in die eine oder andere Simulation verlieben, in sie eintauchen und wieder aus ihr emporsteigen, sondern die eigene Lebensgeschichte mit dem Filmgeschehen vermengen.

Kein Filmproduzent würde solch langwierige dramaturgische Strukturen seinen jungen Zuschauern zumuten. Entwicklung einer Person? Entfaltung eines Konfliktes? Gewissensqualen (so wie noch Gary Cooper sich etwa in *„Zwölf Uhr mittags"* mit seinem Gewissen plagte, bevor er aufrecht, tapfer und zögernd tötete)? Das junge Publikum wüßte wohl nicht recht, wovon die Rede wäre. Und wenn es wie aus einer fernen Erinnerung dennoch ahnte, worum es geht, dann würde es sich wohl langweilen. Kein auf Erfolg bedachter Produzent kann sich ein Drehbuch mit einer durchgeführten Geschichte, biographischer Folgerichtigkeit, einem Drama um Charaktere, Stolz, Gewissen und Mut mehr leisten. Die älteren Filme, die noch nach diesem Muster gemacht sind, laufen immer mal wieder im Fernsehen, ein junges Publikum erreichen sie nicht.

Ein Filmheld, der mit altmodischem Verantwortungs-bewußtsein in der modernen Handlungslosigkeit her-umstreunt, wäre so deplaziert wie ein Schweinehirt in einem Computerstudio. Eine lächerliche Figur. Mit lächerlichen Anwandlungen. Nein, es gibt in den „großen" und teuren Filmen keine sozialen Themen, Einsichten, Verantwortungen mehr, es kann sie nicht geben. Sie wären ruinös.

Beispiel Vier: Das Küken im „*Tamagotchi*" muß gefüttert und gewärmt werden. Wie alle Küken. Es hüpft, wenn es gefüttert wird, es freut sich. Es schüttelt sich, wenn es friert, und plustert sich auf, wenn es gewärmt wird. Es ist rührend. Ein empirischer So-zialforscher könnte ohne weiteres feststellen, daß die Kinder im Umgang mit diesem Küken Mitgefühl und Sorge zeigen. Und zwar massenhaft. Erst in Japan und den USA, dann in der Schweiz, nun auch in Deutschland und sonstwo auf der Welt.

Ist das nicht beruhigend? Die Kinder sorgen sich um ein Tier, und sei es ein digitales, sie nähren es. Sie wär-men es. Sie zeigen also Einfühlungsvermögen, So-zialgefühl. Das Küken hüpft und freut sich seines Lebens ...

Es gibt sozialempirische Untersuchungen und Interpretationen, die der These, die ich auf den vorhergehenden Seiten entwickelt habe, solche Beispiele gern entgegenhalten. Nun ja, im Rahmen der Methoden einer empirischen Untersuchung fällt es natürlich schwer, zwischen dem Mitgefühl für Simuliertes und für Reales zu unterscheiden. Staunen setzt aber bei jenen Sozialforschern dann doch ein, wenn, wie es im Fall des *Tamagotchi* tatsächlich geschehen ist, die Mode des Umsorgens und Mitgefühls urplötzlich aus ist und bei einem nicht geringen Teil der Jugendlichen und Kinder eine neue Mode in Gang kommt. Wiederum weltweit. Etwas ganz Neues kann – wiederum methodisch exakt und objektiv überprüfbar – festgestellt werden, das zu den früheren Beobachtungen und Schlußfolgerungen in striktem Widerspruch steht. „Chicken rösten", lautet auf einmal die Variante des weltweiten Spiels. Auslöschen, verbrennen, töten – es gibt eine ganze Reihe von Tötungsarten für das zuvor so umsorgte Küken. Ein Menü von Tötungsarten, wie in *Mortal Kombat*, dem schon erwähnten Kultspiel.

Das Küken freut sich nicht mehr. Es quiekt. Es stirbt. Wo ist der Unterschied?

Kann ein Kind oder ein Jugendlicher Verantwortung einem digitalen Lebewesen gegenüber empfinden, das nicht lebt, aber Gefühle zeigt? Gibt es ein Mitgefühl, das man einer aus Rechnerprogrammen entstandenen Fiktion entgegenbringen kann? Welche Art von Verantwortung ist dies, welche gilt in der digitalen und welche in der realen Welt?

Falls es tatsächlich Mitgefühl und Sorge für etwas, das nicht existiert, geben sollte (die Gefühle werden empfunden, gelebt, sie müssen doch „real" sein?), dann ist es jedenfalls eine sehr sprunghafte Sorge, ein ungewisses Mitgefühl, eine unverläßliche Zuwendung. Morgen können sie schon wieder ausgetauscht sein. Auf wessen Befehl? Auf niemandes Befehl! Auf Befehle hörte das überstrenge Gewissen. Dessen Kraft ist aber erschöpft.

Hier sind andere Prozesse am Werk ...

Was ist das in mir, das mich dazu veranlaßt, ein digitales Küken, optisch simpel zusammengeschustert und programmiert, zu pflegen? Was ist es, das mich veranlaßt, im Internet danach zu forschen, wie viele Leben mein Küken hat, wie oft es sterben und wiederauferstehen kann? Was ist es, das unzählige Kinder und Jugendliche zu solchen Verhaltensweisen verführt? Was veranlaßt sie dazu, ein Symbol zu umhegen und zu töten?

Versuch einer Antwort: Weil das Küken in ein so grobes Bildsymbol verkleidet ist, kann ich unendlich vieles in es hineinprojizieren. Weil es sich bewegt, eigene Bedürfnisse hat, die meinen gleichkommen, kann ich meine eigenen Bedürfnisse auf verspielte Weise in ihm wiedererkennen. Halb ist es Symbol und doch – während des Umgangs mit ihm – fast schon Wirklichkeit.

In dieser eigenwilligen Wirklichkeit kann ich durch verschiedene Bedürfnisstufen und Erlebnisweisen hindurchgleiten, in meiner eigenen Entwicklung voraus- und zurückspringen. Warum ist das hier so leicht? Weil das bewegliche Bildsymbol, das beinahe lebt, eine nicht reale (nicht auf Realität hin geordnete) Präsenz hat, statt dessen eine Präsenz, die sich ganz auf meine jeweiligen Phantasien und Befindlichkeiten einstellt. Ich nehme eine Beziehung zu ihm auf, aber es existiert ja auf eine Weise, die es nur bei digitalen Geschöpfen gibt, irgendwo zwischen Realität und Fiktion. Was ich an meinen Gefühlswirklichkeiten mit ihm auslebe, ist realer als jede Phantasie und trotzdem fiktiv. Warum sollte ich es nicht sterben lassen, es wird morgen ja wiederauferstehen? Aber ich kann Sterben und Auferstehen mit ihm gemeinsam erleben. Es hat, obgleich es eine Fiktion ist, eine Tiefenbindung ins Seelische hinein. Wie eine gute Geschichte, aber es ist keine Geschichte, es ist Wirklichkeit. Meine Wirklichkeit, mit meinen besonderen Gefühlen aufgeladen.

Ich *sehe* einen Nicht-Körper, der viel von mir und meiner ursprünglichsten Abhängigkeit, meinem Angewiesensein, meiner Not und meiner Eigenheit ver-körpert und doch nicht Ich ist, sondern einer fiktiven Welt entstammt.

Ich spiele mit ihm, mehr noch, ich füttere, nähre, wärme ihn, sorge für ihn. Ich bin mit jeder intensiven Empfindung – ob beim Wärmen, Nähren, bei der Sorge und vielem mehr – ein wirklich Handelnder in einer Beziehung, die mir keinen Widerstand entgegensetzt.

Und irgendwann – weltweit, auf wessen medialen Befehl hin? – schlägt dann die dunkle Seite der Ichbezogenheit, des Narzißtischen und Realitätsflüchtigen, über die wir in den tiefenpsychologischen Kapiteln ausführlich gesprochen haben, vollends durch. Plötzlich verbreitet sich zumindest bei einem Teil der Kinder- und Jugendkulturen von Tokio und Berlin, Boston und Jerusalem eine neue Botschaft auf geheimnisvollen Wegen: eine Aufforderung zur Tötung des Fetischs. Und die Kinder folgen ihr. Mit derselben Selbstverständlichkeit, mit derselben Sorgfalt vernichten sie – spielerisch und grausam –, was sie zuvor gepflegt und umsorgt haben.

V.
Nachbemerkungen

Hamm: Muß ich nicht mein Beruhigungsmittel einnehmen?
Clov: Doch. Hamm: Ah, endlich! Her damit! Clov: Es
gibt keine Beruhigungsmittel mehr.
Beckett. Endspiel

22. **Am Rande der Vernunft.** Wir haben uns die Schwäche und die Stärke des Ich – des „armen Dings", wie Freud sagte – vor Augen geführt und zugleich die Macht des primären und sekundären Narzißmus kennengelernt. Wir haben erlebt, wie der mächtige Narzißmus Triebstrebungen grandios aufbläht und sie, wenn sie nicht befriedigt werden, als maßloses Vernichten-Wollen gegen die Welt der Objekte und oft genug gegen das eigene Ich richtet. Und wir haben ferner gesehen, wie sich das geduckte Ich der normativen Realität anpaßt, um starke Verbündete gegen die unbeherrschbaren Triebstrebungen und gegen das narzißtische Drängen zu finden.

Die Krise des Ich bricht nun erneut auf. Dann nämlich, wenn es sich mit all seinen intellektuellen und sinnlichen Fähigkeiten in einer Medienrealität wiederfindet, die keiner Vernünftigkeit mehr folgt (oder nur teilweise, jederzeit widerrufbar). Wenn den Sinnen nicht mehr zu trauen ist! Wenn das Sehen nicht mehr verläßlich die Dingwelt umfängt, sondern in uralte, unbewußte Traum- und Albtraumbilder blickt. Wenn das Hören nur noch betäubt und alle Differenzierungen erschlägt. Wenn Bilder, Symbole, Aktionen aufgerufen werden, die der Reflexion kaum oder gar nicht zugänglich sind und die zugleich an frühkindliche Phasen rühren, „vor dem Ich".

Was dann? Unsere Antwort lautet: Dann spaltet sich das Ich auf, so wie es dies im Abwehrvorgang gelernt hat. Danach gibt es zwar weiterhin Anteile im Ich, die auf die herkömmliche Weise funktionieren, die im Zusammenspiel von Vernunft und Sinnen zu einer selbstreflexiven Autonomie finden, wie wir sie dem erwachsenen Ich zuordnen, aber daneben konsolidieren sich neue und bisher nicht gekannte Erfahrungsanteile im Ich, für die es kaum eine Sprache und gar keine bestehende Begrifflichkeit gibt (vielleicht nicht geben kann, weil alles in aktuelle und transformierbare Zeichen aufgelöst ist!).

Wir haben davon gesprochen, daß Erfahrungsanteile im modernen Selbst zu den lebensgeschichtlich frühesten Empfindungen zurückdrängen, stimuliert von den neuen Medien, die den narzißtischen Gefühlen einen eigenwilligen Realitätsraum zur Verfügung stellen. Sie unterstützen das Nicht-Ich im gefährdeten Selbst. Die so geprägte moderne Individualität will die Objektwelt nicht mehr beherrschen, was der Urtraum des männlichen „Ich" gewesen sein mag. Sie will aber auch nicht von ihr beherrscht werden – will sich selber und die Umwelt immer wieder anders erleben, immer wieder neu formen, will in instabilen Zuständen fließen, gleiten, „surfen", bis all die gleitenden Eindrücke und Selbsterfahrungen übergehen in einen erhaben-selbsterhebenden Zustand, der an die frühesten Symbiosen und Halluzinationen erinnert. Das ist dann eine Art Glück. Restloses Glück, für die Zeit des Verweilens im virtuellen Raum. Im Feld der digitalen Medien sucht ein neues Selbstgefühl, das auf kein Gran Glück verzichten will, eine eigene Wendung seines Schicksals.

Die offensichtlichste Wirkungsweise der neuen Medien besteht darin, daß sie die Frage, was „real" und was „phantastisch" ist, zugleich mit der Überschreitung der Grenzziehung zwischen Innenwelt und Außenwelt undeutlich werden läßt. Diese harte, unglückliche Grenze, die das abendländische Individuum in besonderer Weise bedingt, war schon immer ungefestigt. Rauschmittel, mystische oder sexuelle Ekstasen hatten sie als vorläufig und überschreitbar gezeigt. Aber die digitalen und telematischen Medien stellen nicht nur, wie LSD oder Kokain, wie rauschende Tanznächte oder selbstvergessene Sexualität es taten, die Repräsentation des Realen in der Psyche in Frage. Sie vermögen mehr, etwas Neues und Ungeheuerliches: Sie ziehen die Integrität des Realitätsprinzips selbst in Zweifel.

Weil das so ist, haben wir so gewaltige Schwierigkeiten damit, die neuen Zustände und Erlebnisse zu beschreiben. Es sieht ganz so aus, als würden diejenigen Instanzen und Kräfte des Psychischen, die dem Realitätsprinzip feindlich oder gleichgültig gegenüberstehen (Ich-Ideal und Es), die neuen technologischen Potentiale leichter erfassen als das vernunftgelenkte Ich, das sich ängstigt. Es ist kein Zufall, daß Kinder mit der unbestimmt gewordenen Realität rascher vertraut werden als wir Erwachsenen, die wir uns nach den alten Sicherheiten sehnen. (Nebenbei: Eine geschickte Variante dieser rückgewendeten Sehnsüchte – derzeit etwa in der schulpädagogischen und bildungstheoretischen Diskussion rund um den Einsatz von Computern besonders geläufig – ist diese: Wir klammern uns an die scheinbare Rationalität der neuen digitalen Apparate, wir behaupten steif und fest und gegen allen Augenschein, diese neuen Medien seien nichts anderes als nützliche Instrumente neben den anderen nützlichen Instrumenten, wie sie uns Mechanisierung und Automatisierung beschert hatten. Wir hoffen, daß dann alles beim alten bleibt ...)

Die Reflexion dringt nur zögernd zu jener Dimension der „Erfahrung" vor, die mit den Computern und weltweiten Vernetzungen möglich geworden ist. „Erfahrung" heißt in diesem Kontext eben etwas Neues, Beunruhigendes, nämlich, daß wir mit Hilfe der digitalen Bilder und Symbole uns selbst abhanden kommen. Daß wir mit Hilfe der digitalen Medien Räume durcheilen, die Zeit-Dauer relativieren und dabei zuletzt auf Bildsequenzen treffen, die direkt aus den Tiefenschichten der Seele aufzusteigen scheinen. Wir können sie kaum kontrollieren – möglicherweise wollen wir es auch gar nicht. Eine schöne, magische, banale und gewalttätige Innen/Außen-Welt.

Könnte es nicht so kommen, daß wir auf diesem Weg beziehungsweise Umweg eine „andere" als die uns bekannte disziplinierende Vernunft kennenlernen? Eine, die die narzißtischen Potentiale, die von den digitalen Techniken wachgerufen werden, unbekümmert nutzt. Also eine, die sich mit den narzißtischen Gefühlen versöhnt. Könnte es nicht so kommen, daß mittels der Medien das drängende und oft bedrückende „Ich-Ideal" seinerseits *mehr* von dieser Realität zuläßt? Und könnte also nicht, noch etwas weiter gesponnen, das polymorphe Feld unserer Phantasien und ungestillten Wünsche aus seiner Verbannung befreit werden und Zugang erhalten zu Vernunft, Reflexion, Mitgefühl? Könnte sich eines nicht mit dem anderen verbünden, statt gegeneinander zu wüten?

Könnte also aus dem Umgang mit den neuen Medienbildern nicht eine neue Vernunft erwachsen, die erlebnishungrig und phantasiegesättigt sich selbst übersteigen und die engen Grenzen der Logik und der funktionalen Rationalität verschieben will?

Der Bestand des Moralischen tritt dabei allerdings zurück. Es bleibt bei der These, die ich vorgetragen habe:

Dort, wo sich das Narzißtische, wo sich die kindlichen Urgefühle und die aus ihnen hervorgegangenen Wünsche mit der Realität versöhnen, wird die Gewissensinstanz in der uns heute bekannten Form geschwächt. Die Geschichte eines übermächtigen individuierten Gewissens geht, wenn die Anzeichen nicht trügen, zu Ende.

Und darum bleibt uns eine – bis auf weiteres wohl nicht zu bewältigende – Sorge: Wohin wendet sich das Destruktive, wenn es nicht mehr wie bisher durch „Identifikation" und den Aufbau der Gewissensinstanz in eine verhältnismäßig stabile Struktur der menschlichen Psyche eingebunden wird? Wir müssen einräumen, daß wir vor einem sozialen und personellen Prozeß stehen, dessen Ausgang nach vielen Seiten offen ist – offen auch zu der (schrecklichen) Möglichkeit hin, daß gesellschaftliche Mächte mit medialen Kompetenzen die menschliche Bereitschaft zur Destruktivität für sich in Betrieb nehmen, während die Kraft des Gewissens individuell und kollektiv schwächer wird. Anzeichen dafür gibt es in unserem sozialen Alltag mehr als genug.

„Alles ist möglich ..."

Dieser Satz zog sich durch alle Darstellungsebenen, durch die Beschreibung der digitalen Welten ebenso wie durch die Benennung narzißtischer Phantasien. Auch in dem hier skizzierten Zusammenhang trifft er wohl zu. Wir stehen wirklich am Anfang! Das neuzeitlich-abendländische Ich mit seiner selbstverantwortlichen Vernunft, in dessen Tiefen Nietzsche nur die „gestaute

Grausamkeit" des „zurückgescheuchten Animalischen"
aufzufinden meinte, das aber auch Verläßlichkeit, Treue
und Barmherzigkeit zeigte – es steht, was seine
Fähigkeit angeht, in einer sozialen Gemeinsamkeit zu
überleben, vor einer Bewährungsprobe mit ungewissem
Ausgang.

23. **Bitte vorsichtig eintreten ...** Noch kennen wir
ein Selbst, das sich nicht in festen Konturen von
der Außenwelt abgrenzt, sondern träumend nach außen
„zerfließt", nur in der beängstigenden Weise des psychotischen Erlebens. Ein anderes können wir uns bisher
kaum vorstellen: nur dieses aufgesplitterte, aufgerissene
und un-einige Selbst, wie es sich in der Psychose zeigt.
Aber muß dies das letzte Wort über die Zukunft des
Seelischen sein? Ich bin weit von Euphorie angesichts der
digitalen Kommunikationswelten und ihrer Wirkungen
mittels digital-animierter Bilder entfernt, aber diese andere hoffnungsvolle Seite einer möglichen Zukunft sollten
wir immerhin auch zu denken wagen: Welche Chancen
eröffnen sich einer Kultur, in der die Botschaft von
Gehorsam und Opferbereitschaft, die mit der Härte und
Strenge des Gewissens kooperiert, keinen Widerhall
mehr findet? Was könnte nicht alles aus uns und unseren
Gemeinschaften werden, wenn die „Herren der Welt", um
es einmal mit diesem schönen protestantischen Pathos zu
sagen, sich nicht mehr auf ein von Gewissensängsten
geducktes Ich verlassen und ihrer Sache immer schon

sicher sein können? Wenn ein sich selber – oder seine technischen Möglichkeiten? – zum Herrn erhebendes Selbst über jede herrschaftliche Anmaßung furchtlos spottet? Furchtlos nicht wie ein protestantischer Prediger, der sich im Dienst eines noch Höheren weiß, sondern furchtlos deshalb,weil es aus seinem eigenen Dienst nicht zu vertreiben ist. Weil es Erfüllung geben kann und nicht immer nur Sehnsucht!

Gewiß, der kindliche Schrei der Bedürftigkeit wird wohl niemals verstummen, auch die Tatsache, daß er ein Leben lang in der menschlichen Seele nachklingt, wird nicht aus der Welt zu schaffen sein. Bedürftigkeit und Abhängigkeit werden immer tief in das menschliche Begehren eingesenkt sein. Insofern ist das Selbst immer gefährdet.

Im Menschen bebt das Destruktive und erschüttert jedes Fundament, jede Verläßlichkeit, ohne die auch ein mit sich versöhntes Selbst nicht sein kann. Das Destruktive muß unter allen Bedingungen gebannt werden. Daran wird sich auch in Zukunft wenig ändern. Und dennoch: Das Idealstreben als realistische Lebensmöglichkeit gedacht ... klopfen wir da nicht an eine Tür, die uns, wenn wir sie einen Spaltbreit öffnen würden, einen Blick aus der schmerzlichen Dialektik des rationalen, aufgeklärten Selbst hinaus erlauben würde? Wenn wir uns also trauen würden, diese Tür, einen Spalt breit nur, zu öffnen …?

Wolfgang Bergmann,

Jahrgang 1948, Psychologe und Publizist, war als Kindertherapeut in sozialen Projekten mit verhaltensauffälligen Kindern und Jugendlichen tätig. Er ist Autor zahlreicher Reportagen, Artikel und Sachbücher und war Chefredakteur der in Berlin erscheinenden „Deutschen Lehrer-Zeitung". Der auch durch Vorträge, Rundfunk- und Fernsehdiskussionen einem breiten Publikum bekannte Familientherapeut (mit Schwerpunkten Hyperaktivität und Lernbehinderung) arbeitet heute in eigener Praxis in Hannover. Er setzt dabei systematisch Computerprogramme in der Therapie ein. Wolfgang Bergmann ist verheiratet und Vater von drei Kindern.